AF330355

LE
SECOND EMPIRE
à Saint-Cloud

PAR

LE COMMANDANT SCHNEIDER

(Ancien régisseur du Palais)

PARIS

VICTOR-HAVARD, ÉDITEUR

168, Boulevard Saint-Germain, 168

—

1894

16e L 56 b
3634

EN VENTE A LA MÊME LIBRAI

Collection in-18 à 3 fr. 50

FERRY (Jules)

LE TONKIN ET LA MÈRE PATRIE . . . . . .

PIERRE DE LANO

LE SECRET D'UN EMPIRE
L'IMPÉRATRICE EUGÉNIE . . . . .
LA COUR DE NAPOLÉON III . . . .
L'EMPEREUR (NAPOLÉON III) . . . .

SIMON (Jules)

SOUVIENS-TOI DU DEUX-DÉCEMBRE

Paris. — E. Kapp, Imprimeur, 83, rue du Bac.

LE

SECOND EMPIRE

à Saint-Cloud

16° Lb⁵⁶

3631

Tous droits de traduction et de reproduction réservés
pour tous les pays
y compris la Suède et la Norwège

LE
SECOND EMPIRE
à Saint-Cloud

PAR

LE COMMANDANT SCHNEIDER

(ANCIEN RÉGISSEUR DU PALAIS)

PARIS

VICTOR-HAVARD, ÉDITEUR

168, Boulevard Saint-Germain, 168

—

1894

Tous droits réservés

9825-XII-31 DEC.27

M. LE CDT. VUILLEMOT

41 RUE MOLLET

PARIS

17

ACQUISITION N° 302041

PRÉFACE

La génération actuelle n'a pas assez de sang-froid pour porter un jugement sain et équitable sur les événements du deuxième empire.

Les uns, se laissent emporter par la haine engendrée, par les idées républicaines et les souffrances de la patrie que vingt années écoulées n'ont pu effacer de notre mémoire.

Les autres, cherchent à pallier quand même les fautes du gouvernement impérial et surtout celles de l'entourage de l'Empereur.

Ardue sera la tâche de ceux qui, lorsque nous ne serons plus, écriront l'histoire de la deuxième moitié du XIX° siècle.

La lumière n'est pas encore faite sur certains

points obscurs des faits et gestes de l'Empereur et de l'Impératrice.

Amis et ennemis de l'Empire nous versons des flots d'encre pour élucider la question de la responsabilité de nos désastres, sans pouvoir l'établir d'une manière irréfragable.

Nous ne pouvons être impartiaux, mais nos petits enfants le seront.

Il y a quelque temps, l'auteur de ce volume, en lisant des mémoires sur la cour de Napoléon III, fut fort étonné de voir reproduit, mais complétement démarqué et travesti, un article historique qu'il avait fait paraître en 1883. (départ de l'Empereur de Saint-Cloud en 1870).

Ces mêmes mémoires fourmillaient d'inexactitudes et d'anachronismes, faisant voir que la personne qui les avait écrits n'était nullement au courant de ce qui s'était passé pendant les dernières années de l'Empire.

Cette lecture le décida à publier un premier volume de ses souvenirs sous forme d'anecdotes en évitant de les accompagner d'aucune sorte de commentaires.

En les lisant, chacun pourra se faire une idée du caractère des personnages qu'il fait entrer en scène et se rendre compte des dessous de la vie de la famille impériale et de ses courtisans.

Une anecdote sur la vie privée d'un souverain, le fait toujours mieux connaître que cette existence au grand jour qu'il est obligé de mener, et qui l'astreint à dissimuler ses moindres impressions sous des dehors officiels impénétrables.

Les fonctions que l'auteur a remplies, ne lui permettaient pas, il est vrai, d'aborder les salons de l'Impératrice et de recevoir les confidences des hauts personnages de la cour.

Appelé un peu partout et à toute heure, c'est précisément la situation qu'il occupait dans l'administration des Palais Impériaux, qui lui a permis de voir, d'entendre et de prendre des notes.

Bien souvent il a pu apprécier les difficultés du moment sans que sa présence pût porter ombrage à qui que ce fût.

Ce qu'il raconte est vrai ; au besoin il pourrait citer des noms et il ne se fait l'écho d'aucune chronique scandaleuse.

Quelques personnes lui reprocheront peut-être d'avoir écrit certaines anecdotes qui ne leur font pas honneur et ignorées en haut lieu.

Tant pis, c'est une occasion pour l'auteur de faire connaître la vérité, alors que dans un temps il a tout tenté pour y arriver mais sans y réussir et pour cause.

Mai 1891.

LE SECOND EMPIRE

A SAINT-CLOUD

I

L'ANNÉE 1870

Au mois de janvier 1870, les événements se précipitaient sombres et rapides. On sentait comme un souffle de découragement et d'inquiétude qui envahissait même les plus dévoués à l'Empereur et, lorsque nous apprimes qu'Émile Olivier était nommé premier ministre, ce fut un cri général : l'Empire est perdu. Ce n'était qu'une question de temps.

Aussi lors du plébiscite du 8 mai, le résultat qui naguère aurait été accueilli avec enthousiasme par le personnel de la maison de l'Empereur, nous laissa froids et indifférents. Nous sentions que la date fatale approchait sans pouvoir définir le sentiment qui nous poussait à douter de l'avenir.

L'année précédente l'Empereur avait été très malade à Saint-Cloud ; tellement, qu'une nuit le bruit de sa mort se répandit dans le palais.

A trois heures du matin, prévenu par un domestique, je me levai et courus en toute hâte aux appartements de L. L. M. M.

Des sentinelles étaient placées à chaque issue avec défense absolue de ne laisser entrer ou sortir que le personnel médical.

Ce fut le Dr Corvisart qui, rentrant à cinq heures dans ses appartements situés en face de mon bureau, me rassura. L'Empereur avait eu plusieurs syncopes, il est vrai, mais de l'avis des médecins, tout danger était écarté pour le moment.

Depuis cette époque, l'Empereur était resté très faible et très abattu. Bien souvent il m'est arrivé de pénétrer dans sa chambre à coucher pour mon service, et je le trouvais toujours somnolent dans son fauteuil, tournant à peine la tête pour voir qui entrait et refermant les yeux comme s'il éprouvait une grande fatigue.

Cette maladie de l'Empereur laissa un libre jeu à toute la jeunesse dorée qui entourait l'Impératrice. Ces jeunes gens, qui refusaient de s'asseoir devant sa majesté, non pas par respect, mais pour que leurs pantalons ne fassent pas de plis aux genoux, escomptaient l'avenir.

L'Impératrice, adulée par cet entourage qui ne s'occupait que de ses plaisirs et des intrigues de cour, se croyait une nouvelle Catherine II. On lui persuadait qu'elle devrait prendre en main la régence et les rênes du gouvernement ; que l'Empereur était trop abattu par la maladie pour se remettre jamais et s'occuper des affaires de l'État. Elle seule, par sa haute intelligence, ses qualités exceptionnelles et les dévouements dont elle était entourée, pouvait sauver la dynastie dont le crédit était ébranlé et donner une nouvelle force vitale à l'Empire.

Tels étaient ces jeunes courtisans qui ne voyaient pas que tout s'effondrait peu à peu autour d'eux et qui ne supputaient qu'une seule chose, les avantages qu'ils pourraient retirer d'une régence de l'Impératrice.

La souveraine était femme dans toute l'acception du mot et ces flatteries coupables lui étaient agréables, elle aspirait voluptueusement l'encens qui lui était prodigué, mais hélas! quel réveil et quelles désillusions depuis!

Le 7 juin la cour arriva à Saint-Cloud pour y passer l'été.

C'était la dernière étape de l'Empire. Deux mois après, jour pour jour, l'Impératrice allait retourner à Paris pour, le 5 septembre, prendre le chemin de l'exil.

Pendant ce mois de juin, un fait qui passa inaperçu à Saint-Cloud et dont l'Empereur n'eut même pas connaissance, fut pourtant d'une éloquence terrible.

Ce ne fut que quelques mois après que nous apprîmes que ce fait prouvait que la France était enveloppée dans un réseau d'espions envoyés par la Prusse et que bien avant que les difficultés surgissent entre Napoléon III et Guillaume au sujet des Hohenzollern, les préparatifs contre la France et les études sur notre territoire étaient terminés et le personnel, hommes et femmes, rappelés en Allemagne pour coopérer au plan d'ensemble.

Voici cet incident qui se passa, comme je l'ai dit, dans les premiers jours de juin 1870.

Un simple employé des jardins qui servait comme jardinier au palais de Saint-Cloud depuis 22 mois, prit un jour une attitude insolente envers le chef jardinier et, sur le champ, on le renvoya.

Jusque-là rien que de très naturel ; et, quelques heures après, on ne s'occupait plus de lui.

Le 1er octobre suivant, lorsque les Prussiens conduisirent le personnel du palais de Saint-Cloud prisonnier à Versailles, nous fîmes halte à 9 heures du soir sur la place d'armes avant d'être dirigés sur la prison.

Quelques-uns de mes employés vinrent me prévenir qu'un sous-officier prussien demandait à me parler et, au même instant, ce sous-officier se présenta devant moi.

— Bonjour, monsieur Schneider, comment allez-vous ? me dit-il en très bon français.

Comme il faisait nuit et que j'étais à cent lieues de penser qu'un Prussien me connaissait, je lui répondis que je ne savais qui il était.

— Je suis Baum, l'ancien jardinier du palais de Saint-Cloud renvoyé en juin par le père Mathieu, le jardinier en chef.

Et il m'expliqua que, rappelé subitement à cette époque pour rentrer au régiment du génie auquel il appartenait comme sergent, il avait imaginé de se faire mettre à la porte du château .... Depuis son retour en France avec l'armée prussienne, c'était lui qui était le principal attaché au service du génie dans le parc de Saint-Cloud.

Je sus plus tard, pendant mon internement à Versailles, que ce Baum avait mis ses 22 mois de service au château à profit pour lever le plan des carrières sous les jardins du Trocadéro, carrières qui ont plus de 5 kilo-

mètres de développement, (et dire que l'architecte du palais ne l'a fait qu'en 1873 ! ! !) de
prendre des notes sur les caves et sur les fils
télégraphiques souterrains. Ce fut également
ce même Baum qui découvrit, avec son plan,
la cachette au fond des carrières où nous
avions transporté et *muré* 5.000 bouteilles de
vins de toutes sortes.

Qu'on me permette à ce sujet une petite
anecdote typique.

Un matin, je me promenais sur la place
d'armes de Versailles, lorsque le général de
Kirchback, commandant le 5e corps d'armée,
m'apercevant, me cria d'une voix de stentor :

— Monsieur le Régisseur, votre vin il était
bon, très bon.

Et, piquant des deux, il s'éloigna entouré
de tout son état-major riant à gorge déployé
de ce trait d'esprit.

Hélas ! oui, le vin de Napoléon III avait été
dégusté par les généraux allemands !

Quand boirons-nous à notre tour le vin du
Rhin ?

II

DÉPART DE L'EMPEREUR POUR LA GUERRE DE 1870

La guerre contre la Prusse venait d'être déclarée..... On était, au Palais de Saint-Cloud, dans cette activité fébrile qui précède les grands événements. Les visites se succédaient, rapides. Plusieurs fois par jour je voyais passer dans la cour d'honneur la voiture de M. Émile de Girardin se rendant chez l'Empereur.

Qu'allait faire le célèbre publiciste chez le souverain que quelque temps après il vouait aux gémonies ? Quel but poursuivait-il, à quelques jours de là, en excitant le peuple à crier : A Berlin ! et en entonnant lui-même la Marseillaise ?

Ah ! oui, la Marseillaise ! chant sacré, s'il

en fut, l'âme vivante de la patrie ! je l'ai entendue aussi, moi ; je l'ai entendue pendant un dîner que l'Empereur donnait aux officiers d'un des régiments de voltigeurs de la garde, dans la galerie d'Apollon !

On était au dessert, lorsque l'Empereur donna tout bas l'ordre de dire au chef de musique de jouer la Marseillaise.

L'Empereur avait bien compris qu'il ferait vibrer la fibre patriotique dans le cœur de ces officiers qui lui étaient si dévoués.

Jamais je n'oublierai l'émotion qui m'envahit aux premières mesures de ce chant sublime !...

C'était la France appelant aux armes ses enfants !

C'était la France leur ordonnant de mourir pour la patrie.....

Qu'il y a loin de cette Marseillaise émue à celle d'une populace hurlante et avinée !.....

Je les vois encore, ces braves officiers, tous debout, la tête haute, le bras tendu vers l'Empereur, choquant leurs verres au succès de nos armes !

Ave, Cæsar, morituri te salutant !... semblait-on entendre au milieu du fracas de la musique et des cris enthousiastes.....

Hélas ! Ils se sont comptés, ceux qui assistaient à ce banquet !..... Combien en est-il resté sur le champ de bataille ! combien en tombant se sont rappelé leur serment !

Que sont devenus les autres ?

Et vous, murailles calcinées et noircies de Saint-Cloud, il semble que les derniers accords de la Marseillaise, répercutés par vos lambris dorés, aient été votre glas funèbre....

Nos ennemis séculaires ont passé.... Vous étiez condamnées, qu'ont-ils fait de vous ?....

Les personnes qui font le voyage de Paris à Versailles par la rive droite, aperçoivent, après avoir dépassé le tunnel de Saint-Cloud, une partie du parc réservé du Palais.

Immédiatement après le passage à niveau qui conduisait du Parc dans Montretout, on voyait encore naguère, sur la gauche, un kiosque ouvert, au toit de chaume, entouré de candélabres en fonte surmontés de lanternes.

Sous l'Empire, un embranchement du chemin de fer pénétrait dans le parc près de ce kiosque. L'ensemble constituait ce qu'on appelait la gare de l'Empereur.

C'était là, chaque fois que LL. MM. partaient en voyage, que le train impérial venait les attendre.

Ce fut en cet endroit que l'Empereur s'embarqua pour la funeste campagne qui devait lui coûter sa couronne.

Le matin du 28 juillet, une animation extraordinaire régnait au Palais de Saint-Cloud.

Les officiers généraux faisant partie de l'état-major impérial arrivaient pour partir avec S. M.

Les ministres et les fidèles amis de l'avant-dernière heure venaient saluer l'Empereur à son départ.

A 10 heures les voitures entrèrent dans les jardins situés devant ce qu'on appelait les petits appartements.

Des breacks, des omnibus de famille attendaient dans l'allée de la Carrière.

Bientôt, l'Empereur, en tenue d'officier général, sortit avec l'Impératrice et le Prince

Impérial du salon des Vernet, situé à l'extrémité de la terrasse.

L'Impératrice était nerveuse, la souveraine luttait contre la femme, contre la mère ; le Prince Impérial, en uniforme de sous-lieutenant des grenadiers de la Garde, sa jumelle en sautoir (je le vois toujours ce pauvre enfant), était très surexcité ; il courait de l'un à l'autre, les yeux rouges, car il avait pleuré... A quatorze ans ne peut-on pleurer lorsqu'on quitte sa mère ?

Leurs Majestés montent en voiture découverte et se dirigent vers la gare particulière. Les autres voitures étaient occupées par les officiers de la couronne qui devaient accompagner l'Empereur.

Les Ministres, sortant des appartements, voulant une dernière fois dire adieu à S. M. et au Prince Impérial, se répandirent dans les jardins pour se rendre à l'endroit où attendait le train.

J'allais monter dans un des omnibus qui se trouvaient dans l'allée de la Carrière, lorsque je vis M. Émile Ollivier, le Président du Conseil, qui courait pour trouver une place. Je descendis immédiatement et le priai de monter, ce qu'il fit avec quelques personnages, et je me plaçai à côté du cocher.

Près du kiosque tout le monde était réuni.

Au premier plan, l'Empereur, l'Impératrice le Prince Impérial et leurs maisons ; un peu en arrière les Ministres et divers personnages ; enfin, en dernier, un peu à l'écart, nous autres, presque inconnus de LL. MM. et pourtant leurs fidèles serviteurs.

L'Empereur monte dans le train et le défilé pour l'embarquement commence : c'est une suite non interrompue de brillants uniformes : un moment l'Empereur sourit en voyant son état-major monter dans son wagon : « C'est un vrai corps d'armée, » dit-il à l'Impératrice.

Tout le monde est monté, on attend l'heure pour partir... le moment est solennel, un instant de profond silence règne sur cette foule venue pour saluer le souverain.

L'Impératrice est sur le quai, près du wagon, émue, fébrile et dissimulant à peine ses angoisses, car son époux, son fils partent pour l'inconnu et elle reste seule, sans défense, ayant à supporter tout le poids d'une couronne qui chancelle et l'écrasera en tombant.

L'Empereur jette un regard éteint sur ceux qui restent et, avisant un de ses chambellans : « Beaumanoir, je ne vous ai point dit adieu ! »

Ce furent ses dernières paroles à Saint-Cloud. Le signal est donné, la vapeur siffle et le train s'ébranle.

« Fais ton devoir, Louis ! » crie l'Impératrice... A qui s'adressent ces paroles, à l'Empereur ? au prince impérial ?

Nous nous découvrons et un cri de vive l'Empereur ! retentit... Hélas ! le dernier que doivent répéter les échos de ce domaine aimé des Bonapartes.

Alors, — jamais ce spectacle ne sortira de ma mémoire — l'Empereur, appuyé sur la balustrade de son wagon, jette un regard d'indéfinissable tendresse et de résignation sur l'Impératrice qui est là, debout, immobile, les yeux fixés sur celui que le destin emporte ; il semble que son cœur l'a abandonnée pour partir avec ces êtres qui lui sont si chers...

Le regard de l'Empereur est toujours le même, toujours fixé sur elle, triste et d'une douceur infinie... ce n'est que lorsque le train, allant lentement, arrive à hauteur de la grille donnant accès sur la grande voie, qu'il se porte vers l'autre côté du wagon pour saluer les habitants de Montretout qui l'acclament avec frénésie.

Le train disparait... L'Impératrice s'arrache enfin à la stupeur qui l'envahit, se dirige vers la voiture et éclate en sanglots en cachant sa figure dans son mouchoir.

Pleure! pleure! pauvre femme! l'avenir a peut-être soulevé son voile à tes yeux! tu ne les reverras plus que sur la terre d'exil, ceux que tu aimes! La fortune inconstante s'est retirée de toi, elle t'abandonne désormais!...

Ton existence si belle, si enviée, ne sera plus qu'un long martyre... tu verras tous les tiens disparaître peu à peu... puis tu resteras seule, agenouillée entre deux tombes!...

Nous, profondément émus, nous rentrons au Palais le cœur oppressé par un funeste pressentiment...

Dix jours après, l'Impératrice quittait Saint-Cloud en toute hâte pour rentrer à Paris dans la nuit du 6 au 7 août.

Son calvaire commençait !...

En 1890, Mme Carette, ancienne demoiselle d'honneur de l'Impératrice, a publié des mémoires sur la cour de Napoléon III.

Elle raconte précisément la Marseillaise à Saint-Cloud et le départ de l'Empereur pour la guerre ; faits historiques qu'elle a copiés dans l'article publié par moi sous le pseudonyme de « un témoin » dans le supplément du *Figaro* du 28 juillet 1883.

Je ne me plains pas du plagiat car il consacre la véracité de mon récit, seulement elle aurait pu citer la source où elle a puisé ses renseignements.

Je ferai remarquer que m'ayant emprunté mon œuvre qui lui aura été signalée en haut lieu comme étant l'expression de la plus scrupuleuse authenticité, elle pouvait copier, avec la même assurance, les journées du 3 et du 4 septembre 1870 qui ont paru dans le même journal, le *Figaro* du 1er septembre 1883.

Mais ma version n'étant nullement en rapport avec les instructions qu'elle avait reçues, elle s'est abstenue et, pour sauver les personnages de la cour, dont elle s'est fait l'historiographe, de la grave accusation qui plane toujours sur eux, malgré leurs dénégations, d'avoir abandonné l'Impératrice au moment suprême, elle a recueilli de bric et de broc les faits que ces messieurs alléguaient pour leur défense et les a donnés pour vraies.

Je relèverai dans un deuxième volume, les erreurs grossières et volontaires qu'elle a commises dans ses mémoires, car éloignée de la cour depuis longtemps, elle n'a rien vu par elle-même et s'est fait l'écho de ceux qui avaient intérêt à cacher leur défaillance de la dernière heure.

Voici du reste, pour édifier nos lecteurs sur le plagiat évident de Mme Carette, la copie exacte des premiers alinéas de son récit du départ de l'Empereur pour la guerre.

Que l'on compare.

(Page 105)..... Le 18 juillet, l'Empereur réunissait, dans un dîner à Saint-Cloud, les officiers des voltigeurs de la garde qui partaient pour l'armée. Ils étaient jeunes, nombreux, animés de l'esprit guerrier et remplissaient de leurs brillants uniformes la galerie d'Apollon, une des plus belles de nos palais, cette salle d'une architecture si élégante, décorée de peintures admirables, avec son plafond à caissons, tout ruisselant de dorures sous la flamme des lustres.

Vers la fin du dîner, l'Empereur donna un ordre à voix basse. Aussitôt la musique militaire, qui se faisait entendre pendant le repas, se mit à jouer la *Marseillaise*. L'Empereur avait compris que l'ancien refrain qui accompagnait nos pères dans leurs victoires, ferait vibrer la fibre patriotique de tous ces officiers réunis autour de lui. En effet, dès les premières mesures, spontanément, tous debout, la tête haute, le bras tendu, choquant leurs verres, ils mêlèrent les cris enthousiastes de : Vive l'Empereur ! Vive la France ! A Berlin ! aux accords de la musique.

Ils peuvent se compter, ceux qui sont revenus.

Combien d'entre eux sont tombés sur le champ de bataille ! Leur mémoire plane sur les ruines du Palais écroulé.....

..... Il y a loin de cette *Marseillaise* ainsi comprise à l'expression sinistre que lui donne la populace avinée dans un jour d'émeute.....

(Page 116)..... Le 28 juillet l'Empereur, accompagné du Prince Impérial, partait pour l'armée.

Dans une partie retirée du parc de Saint-Cloud existait un passage à niveau avec une petite gare qui permettait aux souverains de prendre directement le chemin de fer sans revenir à Paris. Un abri de chaume ouvert, avec quelques lampadaires, servait de lieu d'attente.

Dès le matin, une grande animation régnait au Palais. Les officiers faisant partie de la maison militaire de l'Empereur, en tenue de campagne, se mêlaient aux ministres, à tous ceux qui étaient attachés à la cour et qui avaient voulu saluer l'Empereur au départ.

Tandis que la grande cour était encombrée de breaks, d'omnibus pour les gens de service, des voitures de parc, sorte de vis-à-vis découverts, entraient dans les jardins réservés.

III

LE 3 ET 4 SEPTEMBRE AUX TUILERIES

Le 1ᵉʳ septembre 1883, on lisait dans le supplé-
mentdu *Figaro*.

« Nous avons publié, il y a quelque temps,
« de forts curieux détails inédits sur le départ
« de l'Empereur du palais de Saint-Cloud, le
« 28 juillet 1870 ; ces renseignements nous
« avaient été communiqués par une personne
« qui n'avait pas quitté la famille impériale
« pendant les dernières heures que l'Empereur
« passa en France. Cette même personne, à la
« suite du départ de Napoléon III, quitta son
« service à Saint-Cloud et fut appelée à Paris,

« aux Tuileries, en qualité de secrétaire parti-
« culier de l'adjudant général du Palais.

« Il nous a semblé intéressant, de faire de
« nouveau appel à ces souvenirs, au moment
« du treizième anniversaire du 4 septembre.

« Logeant au palais des Tuileries, ne l'ayant
« quitté que des derniers, le récit qu'il nous a
« fait des événements qui s'y passèrent les
« 3 et 4 septembre est de la plus scrupuleuse
« exactitude. »

Le 9 août, au matin, j'arrivais de Saint-Cloud
aux Tuileries pour prendre mon service et je ne
l'ai quitté que le 4 septembre à 5 heures du soir.
J'ai donc pu voir de bien près l'écroulement
du gouvernement impérial. Dans la nuit du 6
au 7 août vers 2 heures du matin, l'Impératrice avait quitté Saint-Cloud, et s'était rendue
en toute hâte à Paris, ou la nouvelle de la bataille de Wœrth, des combats de Spickeren et
de Forbach, en ébranlant la confiance inalté-
rable jusqu'alors des Français dans leur armée,
allait créer au gouvernement de l'Impératrice
régente de sérieuses difficultés. Il ne s'agissait
rien moins que de la convocation des Chambres,

du renvoi du ministère Olivier et de la formation d'un nouveau cabinet se dévouant avec
résolution et intelligence à la tâche difficile de
l'organisation de la défense du pays. Pendant
que la régente procédait à ces importants travaux le général comte Lépic établissait rapidement le nouveau service du palais des Tuileries
et me donnait l'ordre de l'y rejoindre pour reprendre mes fonctions que j'avais déjà remplies
près de lui.

Son premier soin fut de régler le service
militaire. La garde impériale n'avait plus à
l'École militaire que quelques dépôts; ils avaient
été placés sous le commandement du général
de division Mellinet, du cadre de réserve et sé-
nateur.

Comme les dépôts de ce beau corps étaient
destinés à former plus tard des bataillons de
marche, et aussi, parce qu'il fallait donner des
satisfactions à l'opinion publique, le poste de
l'Echelle fut confié à la garde nationale. Elle y
envoyait tous les matins, à l'heure de la garde
montante, un détachement, dont le chef — un
capitaine — dînait, avec le service d'honneur,

à la table de l'Impératrice. En outre, il fut convenu que chaque fois que cela paraîtrait nécessaire, un piquet, formé de tous les hommes disponibles, (infanterie et cavalerie) de la garde impériale, serait appelé aux Tuileries. Le piquet devait, si sa présence était reconnue utile pendant un temps assez considérable, être installé en partie dans la salle des États pour y coucher.

Après les affaires de La Villette, le piquet fut mandé. Une fois, deux au plus, les postes furent doublés ; mais, généralement, le palais des Tuileries conserva à l'intérieur cette apparence de calme que démentaient seules les agitations dont l'esprit de l'Impératrice était continuellement assailli.

Le samedi, 3 septembre, après avoir dîné comme d'habitude à la table du service des officiers de garde, j'appris que le général Lepic avait adressé au général Mellinet une dépêche pour le prier d'envoyer en toute hâte, aux Tuileries, les troupes de la garde impériale.

Vers 5 heures, en me promenant au Palais-Royal, j'avais remarqué une grande effervescence parmi les groupes nombreux, qui assiégeaient littéralement le kiosque du marchand de journaux; quelques paroles, que j'avais saisies au passage, présageaient un nouveau désastre dont toutes les conséquences n'étaient pas encore connues. Aussi, l'ordre de faire venir les troupes ne me parut en aucune façon extraordinaire et n'augmenta point mes inquiétudes. Ne vivions-nous pas depuis vingt jours dans des alertes continuelles?

Vers sept heures et demie, l'estafette revint de l'Ecole militaire avec une lettre du lieutenant-colonel Cellier de Starnor, chef d'état major des dépôts de la garde, informant le général Lepic que : « Le général Mellinet étant « au comité de défense, il ne pouvait prendre « sur lui de commander les troupes et qu'il « fallait attendre le retour du général. » Le général Lepic reçut cette lettre avec des marques non équivoques de mécontentement et rentra dans son cabinet en faisant claquer vigoureusement la porte.

Pendant ce temps, des bandes nombreuses de peuple parcouraient la rue de Rivoli s'arrêtaient, devant l'hôtel du gouverneur de Paris (aujourd'hui Hôtel du ministère des Finances) et demandaient à grands cris le général Trochu en l'acclamant. Leurs vociférations arrivaient jusqu'aux Tuileries et le général Lepic chargea M. Basset, fourrier du palais, d'aller voir ce qui se passait de ce côté.

Peu après, M. Basset rentra et nous raconta une scène curieuse de laquelle il avait été témoin.

Le peuple était entré dans la cour de l'hôtel et, massé devant le perron, acclamait Trochu et le réclamait à grands cris ; la foule augmentait à chaque instant et il était à craindre que les appartements ne fussent envahis.

Un officier d'ordonnance sortit alors et, montant sur une chaise, s'adressa au public :

Au nom du général Trochu, faites silence, mes amis !

Aussitôt les clameurs cessèrent comme par enchantement et la voix claire et vibrante de l'officier arriva aux derniers rangs de la foule.

Mes amis! le général Trochu est parti ce matin de bonne heure pour inspecter les ouvrages avancés de Paris et faire mettre la ville en état de défense. Il vient de rentrer tout à l'heure et de se mettre à table, car le général n'a même pas eu le temps de déjeuner aujourd'hui!...

Vous pouvez être tranquilles, le général Trochu ne faillira pas à l'immense responsabilité qui pèse sur lui en face des malheurs de la patrie...

Des cris mille fois répétés de « vive Trochu » « vive la France », éclatèrent de toutes parts et quelques instants après le calme renaissait dans la cour de l'hôtel du Gouverneur de Paris. Le général put achever tranquillement son repas.

Au même instant, j'appris d'un officier de la maison que l'Empereur avait été fait prisonnier à Sedan et que plus de 40.000 hommes s'étaient rendus en même temps. Cette nouvelle me terrifia. Puis il me sembla que cela était impossible : 40.000 Français se rendre? L'Empereur se rendre? Nous ne savions donc plus mourir en combattant et traverser l'ennemi quelque nombreux qu'il fût?

Non, non, cela était faux ! La Prusse, maitresse du télégraphe, cherchait à nous terrifier sous cette nouvelle écrasante... Hélas ! je dus me rendre à l'évidence lorsque le général Lepic me la confirma.

La foule grossissait toujours dans la rue de Rivoli. Quelques cris de à bas l'Impératrice ! d'autres plus nombreux de vive la République, parvenaient jusqu'à nous et nous présageaient la journée du lendemain. Nous entendions du côté du Carrousel le pas cadencé des masses qui traversaient silencieusement la place pour se rendre à la Chambre. Je me rappellerai cette lamentable veille.

A onze heures, le piquet n'était pas encore arrivé...

De plus en plus inquiet sur l'issue de la séance de nuit qui allait avoir lieu au Corps Législatif, le général Lepic me chargea d'aller auprès du général Mellinet presser l'envoi des troupes.

Je pris la voiture de service. A l'Ecole militaire, le plus grand calme régnait partout. Les vastes casernes étaient silencieuses ; quelques quinquets fumeux éclairaient à peine les longs corridors. Les plantons, couchés sur leurs matelas de corps de garde, dormaient à poings fermés et témoignaient de la sécurité de gens qui vivaient là certainement dans l'ignorance absolue de la grande et définitive défaite. Je trouvai le général Mellinet assis devant son bureau. Il était en bourgeois ; le lieutenant-Colonel Cellier de Starnor près de lui et le major De Bernard de Seigneurens du 3me grenadiers debout, en uniforme, attendait probablement des ordres :

— Bonjour, fit le général en me tendant la main. Eh bien ! qu'y a-t-il ? il faut donc un piquet aux Tuileries ?

— Oui, mon général, répliquai-je ; et c'est urgent, très urgent. Le général Lepic m'envoie auprès de vous. A minuit il y a séance au Corps Législatif et les circonstances sont excessivement graves.

— Oui, oui, je sais.

— Le danger est imminent, mon général, car les nouvelles de l'armée sont terrifiantes.

— Je sais, je sais... L'Empereur est prisonnier et 40.000 hommes se sont rendus avec lui... Eh bien! nous allons envoyer le piquet; combien d'hommes faut-il?

— Mais tout le monde, mon général, après la séance des députés on ne sait ce qu'il peut se passer et il faut protéger l'Impératrice...

— Eh bien! commandant, dit le général en se tournant vers le major du 3me grenadiers, voyez, faites prévenir les officiers et qu'on se réunisse promptement. Quant à moi je vais me mettre en tenue et me rendre aux Tuileries. Il faudra éviter de faire passer les troupes par le quai; on pourra prendre la rue de Grenelle ou la rue Saint-Dominique et la rue du Bac.

— Mon général, dis-je alors, si vous désirez venir tout de suite aux Tuileries, je vous emmènerai dans la voiture qui m'attend.

Dans la cour, un cavalier remit un pli cacheté au général qui l'ouvrit, le lut et le rendant à l'estafette, lui dit de le porter à l'adjudant de service pour qu'il commandât le peloton d'exécution.

On va donc fusiller quelqu'un, mon général?

— Oui, le nommé... (je n'ai pu retenir le nom), un des assassins de La Villette.

Si l'ordre était arrivé vingt quatre heures, plus tôt, ce misérable expiait ses crimes et la Commune ne le trouvait pas tout prêts à en commettre de nouveaux.

Enfin à minuit un quart le général Mellinet et moi, nous partions de l'Ecole militaire. Tout était silencieux sur notre passage et nous arrivâmes sans rencontres fâcheuses aux Tuileries. Là, à chaque instant, la police envoyait des agents rendre compte au général Lepic de ce qui se passait dans Paris. Beaucoup d'agitation place de la Concorde, mais en somme pas de manifestations tumultueuses. Par contre, le Carrousel était redevenu désert. On apercevait de loin en loin quelques rares citoyens regagnant paisiblement leur domicile. Un calme trompeur se faisait peu à peu.

Une heure du matin sonne, puis une heure et demie et pas de piquet ! l'inquiétude nous reprend. Que se passe-t-il donc ? Commandée à onze heures et demie, pourquoi la garde n'est-elle pas encore arrivée ? Plusieurs fois, j'allai jusqu'à la rue du Bac, voir si on n'apercevait pas les troupes. Comme la dernière fois je poussai jusqu'aux magasins du Petit Saint-Thomas, je rencontrai des gardes nationaux qui sortaient armés de chez eux et des sous-officiers frappant aux portes, activaient les retardataires. Enfin au loin, dans l'obscurité, je vis reluire les caisses des tambours. Les troupes arrivaient... je pris le pas de course pour prévenir le général Lepic.

Dix minutes après, la garde impériale entrait dans la cour des Tuileries. Il était près de deux heures...!!!

Vers trois heures, un nouveau rapport de police ayant confirmé le calme complet de Paris, la garde rentra dans ses quartiers, sur l'ordre de l'Impératrice, je crois :

Je restais encore une heure à me promener dans la cour, en songeant au peu d'empressement de chacun pour sauver la situation et à l'absence complète d'initiative de la part des personnes auxquelles incombait une lourde responsabilité. D'un côté l'inquiétude, de l'autre l'indifférence et rien de préparé pour répondre à une attaque. Je remontai à mon logement, à l'entresol du pavillon Marsan. Mes fenêtres donnaient sur l'allée du Méléagre. Je me jetai sur mon lit; mais je ne pus fermer l'œil. A cinq heures, de plus en plus convaincu que la Révolution serait accomplie dans la journée et craignant que Saint-Cloud fût attaqué comme allaient l'être les Tuileries, j'écrivis un mot à ma femme pour lui dire d'enlever de notre appartement de Saint-Cloud nos papiers les plus précieux et les souvenirs de famille et de les apporter coûte que coûte dans une voiture à Paris. Je chargeai un ami de porter cette missive à son adresse, et, désormais rassuré sur ce point, je ne pensais plus qu'à remplir mon devoir.

On sait qu'en temps ordinaire, auprès de l'Empereur et de l'Impératrice, le service des fonctionnaires de la maison se prenait le dimanche, durait toute la semaine et était relevé le dimanche suivant.

Le service ne paraît pas avoir été relevé officiellement le dimanche 4 septembre.

Ce sont les mêmes personnes qui avaient fait le service depuis le dimanche 28 août qui l'ont continué le 4 jusqu'à la dernière heure du règne de la régente. Je ne saurais comment expliquer ce fait. Peut-être le service n'avait-il pas été changé depuis le départ de l'Empereur et était-il composé de tous les fonctionnaires restés à Paris. Dans tous les cas, voici la liste du service en exercice le 4 septembre. Les noms des personnes chargées de fonctions quotidiennes y sont mêlés à ceux des semainiers.

Chef du Cabinet de l'Empereur, M. Conti ;

Aides de camp de l'Empereur : L'amiral Jurien de la Gravière ; les généraux Roguet et de Montebello, aides de camp honoraires ;

Officiers d'ordonnance : M. Dreyssé, capitaine du génie, et M. le lieutenant de vaisseau Conneau ;

Chambellans : Le duc de Bassano, grand chambellan ; le comte de la Ferrière, premier chambellan ; le vicomte Du Manoir, chambellan de l'Empereur ; MM. le marquis de Piennes et le comte de Cossé Brissac, chambellan de l'Impératrice ; M. le marquis de la Grange, écuyer de l'Impératrice ;

Le général comte Lepic, aide de camp de l'Empereur, adjudant général du palais par intérim ;

Le général Lechesne, gouverneur des Tuileries ;

Le colonel Sautereau commandant militaire des Tuileries ;

De Valabrègre de Lawœstine, préfet du palais ;

Rolin, maréchal-des-logis du palais, Basset fourrier du palais ;

Mmes de Sancy et Lebreton, Mlles de Larminat, et d'Elbée ;

M. Berryer Fontaine, médecin par quartier et Thelin, trésorier.

La matinée fut fiévreuse pour tout le monde ; on avait l'intuition que tout était détraqué.

Effrayés par l'immensité du désastre, tous ces serviteurs qui auraient donné jusqu'à la dernière goutte de leur sang pour l'Empereur, pressentaient que rien ne protégeait plus l'Im-

pératrice. Chacun avait calculé les conséquences de la séance de nuit ; le ministère, divisé
d'opinion et de volonté craquait, la majorité
du Corps Législatif n'avait plus de boussole ;
le Sénat s'émiettait. Cependant on paraissait
déterminé à se comporter dignement.

Le matin, plusieurs des personnages que
j'ai énumérés ci-dessus se promenaient dans la
cour des Tuileries ; ou questionnait les rares arrivants — et ils étaient en effet bien rares ceux
qui venaient aux Tuileries ce jour-là. — Naturellement, le général Trochu, le Dieu de la machine en cette circonstance, fut mis sur le tapis. Je ne dissimulais point mes craintes à son
sujet, lorsque le général Duchesne m'interrompit de la façon suivante :

« Assez, Monsieur, voilà déjà plusieurs fois
qu'en ma présence vous attaquez le général
Trochu. C'est mon ami et je ne puis souffrir
que l'on parle de lui comme vous le faites.
Trochu fera son devoir.

— Je respecte votre amitié pour lui, mon
général, répliquai-je, mais nous causons et
j'émettais mon opinion. Elle vous déplait, je

me tais en souhaitant que les événements me donnent tort.

Sur ce, je quittai le général gouverneur et je rentrai à mon bureau. Là, l'huissier de service, pâle, inquiet, décontenancé, avait déjà revêtu une tenue bourgeoise. Il me questionna sur ce que l'on disait et finalement il me demanda la permission de se retirer, permission que je lui accordai de grand cœur, n'ayant nullement besoin d'un homme qui tremblait la peur avant qu'on ne fût attaqué. Vers midi le piquet de la garde vint s'installer dans les jardins. La foule se portait au Corps Législatif par les quais et la rue de Rivoli. Des bataillons de Garde Nationale, tambour battant, suivaient le même chemin. On s'excitait mutuellement, on criait le long des grilles : Vive la République ! Vive la Garde Nationale ! A bas l'Impératrice ! Mais les troupes placées dans les jardins réservés n'y faisaient guère attention.

Le général Mellinet, en tenue, arrivait en même temps et s'installait dans mon bureau vers une heure, il fit demander un thé à l'office. A deux heures on me fit prévenir que ma femme et ma fille m'attendaient au guichet de l'Echelle avec leurs bagages. Je n'eus que le temps de leur indiquer, comme lieu de rendez-vous, le domicile d'un de mes amis et je rentrai. Le général Lepic en grande tenue d'aide de camp de l'Empereur, était dans son cabinet avec M. Basset. Réunis tous les trois, nous écoutions silencieusement le grondement lointain de la foule en comptant les minutes qui nous séparaient du moment fatal.

M. Jérôme David, un des rares courtisans de la dernière heure, était venu quelques instants avant au Palais, et nous avions compris à son langage, que le gouvernement impérial avait vécu.

Quelques jours auparavant il eût peut-être été temps encore de conjurer l'orage. Un homme d'énergie l'avait proposé à l'Impératrice ; il suffisait d'arrêter les hommes, qui déjà annonçaient l'intention de profiter de nos défaites pour s'emparer du pouvoir. L'affaire devait être faite le 23 août, je crois — il serait facile de retrouver la date exacte, grâce à la circonstance suivante. Un matin sans motifs apparents, la Garde Impériale vint inopinément aux Tuileries ; comme j'en demandais la raison au général Lepic, plus soucieux que d'habitude, il me répondit vaguement. Mais le 4 septembre, dans son cabinet, lorsque nous attendions l'émeute triomphante de nos défaites, il me dit :

— Ah si l'Impératrice avait voulu, le comte de Palikao lui a offert d'arrêter les meneurs de la Chambre, et c'est pour cela que le piquet était venu un matin.

A deux heures et demie le commandant Sébastien de la gendarmerie vient nous prévenir que les grilles du côté de la place de la Concorde étaient forcées et que le peuple envahissait les jardins. Le général se lève et me dit : « Allons ! je vais monter chez l'Impératrice. »

— Permettez-moi d'y aller avec vous, mon général.

Alors, tous les deux, nous traversons le corridor intérieur qui conduit au salon de service des aides de camp : nous poussons la porte. Personne. Dans le péristyle où aboutit l'escalier des appartements : Personne ! Dans l'escalier. Personne encore, toujours personne. Pas un huissier, pas un valet de pied, l'abandon partout, partout la solitude. Et au dehors, la foule hurlante couvre à perte de vue les jardins. La Garde Impériale a reçu l'ordre de se retirer. Une compagnie de mobiles seule tient tête aux assaillants devant le pavillon de l'Horloge.

Alors le général Lepic, avec tristesse, mais comme s'il était soulagé d'un grand poids, me dit : « Est-ce que l'Impératrice serait partie ? »

Nous pénétrons dans les premières pièces des appartements : sur les tables, sur les fauteuils se trouvent des paquets qu'on n'a pas eu le temps d'emporter.

« Allons ! nous dit le général — M. Basset était venu nous rejoindre — tout est terminé, nous n'avons rien à faire ici ; descendons. » A ce moment nous entendîmes quelqu'un qui venait du côté du Pavillon de Flore. C'était l'amiral Jurien de la Gravière ; il avait accompagné l'Impératrice et allait chercher une clef pour traverser la salle des états. Il se retira après avoir échangé quelques mots avec le général Lepic, qui nous répéta : « L'Impératrice est hors du palais ; nous n'avons plus rien à faire ici. » J'étais navré. Comment, pas un serviteur n'avait eu l'idée de rester à son poste, pas un n'avait songé que, malgré la déchéance, il appartenait encore à la Majesté déchue !

Le général rentra avec nous dans sa chambre, se mit en bourgeois et se disposa à quitter les Tuileries. Il m'embrassa en me disant :

« Si vous avez besoin de moi, vous me trouverez toujours prêt ; je vous remercie de votre concours. »

Je restai seul dans mon bureau, voulant attendre les événements et surtout voulant montrer aux premiers arrivants qu'un homme au moins était resté à son poste, attendant sans peur que la tourmente révolutionnaire le relevât.

Les clameurs de la foule augmentaient sans cesse. C'est alors que je vis un détachement de mobiles pénétrer au pas de course dans les Tuileries par le pavillon de l'Horloge. J'étais debout devant la porte de mon bureau, le Chef du détachement me demanda si j'appartenais à la maison ? Sur ma réponse affirmative et la déclaration de mes fonctions :

« En ce cas, Monsieur, me dit-il, fermez toutes les portes extérieures et les persiennes, afin que les voleurs ne puissent s'introduire dans les appartements. »

Je fis entrer immédiatement un certain nombre de mobiles conduits par un officier, M. Rosier, et je fermai les portes et les fenêtres. Le plus urgent était de placer des factionnaires à toutes les issues pour arrêter ceux qui auraient voulu pénétrer dans le palais. Je conduisis donc le détachement par le corridor intérieur qui menait aux appartements du premier. En passant devant une des pièces donnant sur le jardin, les mobiles aperçurent trois drapeaux ayant appartenu autrefois à des corps de la garde supprimés ou tranformés ; ils s'en emparèrent et se présentèrent en les portant à l'une des portes donnant sous le péristyle de l'Horloge. Le peuple défilait alors triomphalement. Mille cris de : Plus d'aigles ! Plus d'aigles ! se firent entendre et je ne sais ce qui serait arrivé si je n'avais pas fait rentrer les malencontreux porteurs de drapeaux. Immédiatement, quatre mobiles se rangèrent en faction devant la porte, et le populaire s'écoula par la cour du Carrousel sans songer à violer la consigne.

Toujours accompagné des mobiles, je montai l'escalier d'honneur et j'arrivai aux appartements.

Le colonel Rustow dans le premier volume de son Histoire de la guerre des frontières du Rhin (pages 368 et 369) raconte de la façon suivante cet épisode de la journée :

« L'Impératrice Eugénie, accompagnée d'un
« employé subalterne du Palais, avait quitté
« les Tuileries à une heure de l'après-midi
« et, le jour même, elle entrait en Belgique
« par Maubeuge pour aller aussitôt en Angle-
« terre où son fils se rendait également. Toute
« la haute et basse valetaille de cour s'était dis-
« persée, abandonnant la souveraine devant
« qui, la veille encore, elle se courbait jusqu'à
« terre. On ne retrouva aux Tuileries que le
« personnel des cuisines qu'y retenait peut-

« être une bonne nourriture assurée, et un
« fidèle employé subalterne. Cet employé fut
« le seul qui regretta tout haut l'Impéra-
« trice et qui plaignit son abandon dans les
« dernières heures de son séjour aux Tuile-
« ries. »

Tout est à la fois faux et vrai dans ce récit.
L'impératrice ne sortit pas des Tuileries accompagnée d'un employé subalterne puisqu'elle les
quitta aux bras de sa dame d'honneur Mme Lebreton et escortée par les ambassadeurs d'Autriche et d'Italie. Ce ne fut que le lendemain
qu'elle put quitter Paris. Quant au personnel
des cuisines, ce n'est point sans doute que des
occupations extraordinaires l'y retinssent, puisqu'aucun déjeuner même celui de l'Impératrice,
ne fut servi le 4 septembre. Pour le personnel, des huissiers, et valets de pied, sauf un
huissier à qui j'avais permis de se retirer, il est
évident qu'il avait manqué à tous ses devoirs, mais probablement il avait suivi le mouvement de retraite qui s'était opéré derrière
l'Impératrice.

Si je me reporte aux souvenirs rappelés par

le colonel Ruslow : Oui, j'étais ému, tellement ému et irrité, que je ne sus pas cacher mes impressions en traversant les appartements que je voyais pour la première et dernière fois. Je ne pus m'empêcher de dire à l'officier qui m'aidait dans cette triste mission. « Cette pauvre Impératrice ! Comme elle a été lâchement abandonnée ! ! ! les misérables ! » Lorsque nous passâmes dans le grand salon devant le portrait de l'Empereur, un garde national — qui se trouvait on ne sait comment au milieu des mobiles — se mit à l'invectiver d'injures grossières. J'étais à cinq ou six pas en avant des mobiles. Je m'arrêtai brusquement et fis face en arrière. Ma figure trahissait sans doute ce qui se passait dans mon cœur, car un des mobiles saisit le garde national au collet et lui dit : « Bougre d'animal, tu ne vois donc pas « que tu fais de la peine à ce Monsieur ? Il est « de la maison et peut-être a-t-il ses raisons « d'aimer l'Empereur ; f..... moi le camp ! » Et il fut aussitôt reconduit dans la cour des Tuileries.

Je continuai à placer des sentinelles dans les

appartements, sans avoir rencontré une seule personne de la maison et je rentrai à mon logement du pavillon Marsan.

Dans la salle du Théâtre, transformée en ambulance par les soins de l'Impératrice, les religieuses me demandèrent comment elles pourraient faire sortir, si cela devenait nécessaire, leur modeste bagage. Du reste, elles étaient entourées de respect et ne paraissaient pas autrement inquiètes sur leur sort. Je fis ma malle, un mobile la prit sur son épaule et la déposa en consigne au poste établi dans le vestibule de la chapelle. Lorsque les gardes nationaux surent que j'étais le seul employé des Tuileries resté à son poste, ils m'entourèrent, me serrèrent les mains et me félicitèrent d'avoir accompli mon devoir jusqu'au bout. J'allai retrouver ma femme et ma fille et le soir, à sept heures, je rentrais à mon ancien poste, à la régie du palais de Saint-Cloud.

Je ne puis terminer ce triste épisode de notre histoire, sans rendre ici un grand témoignage d'estime aux mobiles et à leurs officiers, sous les ordres du général Mellinet, ils défendirent avec énergie et discipline l'entrée des Tuileries. Le brave général se multipliait, encourageait les mobiles, pérorait paternellement au milieu du peuple : « Encore quelques instants ! » disait-il à tout le monde et se retournant vers une cantonnade invisible, il criait : « Dites à l'Impératrice de fuir ; qu'il n'est que temps ! » C'est ainsi qu'il gagna le temps nécessaire et cela se serait passé sans encombre, si un insolent n'avait porté la main sur le képi du général et décoiffé cette tête blanchie et mutilée au service du pays. Les mobiles rétablirent vite l'ordre ; car, je le répète, ils étaient animés du meilleur esprit ; quand on pense qu'ils étaient deux ou trois cents disséminés dans le rez-de-chaussée et que je retrouvai intact sur mon bureau le thé demandé le matin par le général Mellinet. Pas un morceau de sucre, pas un gâteau n'y manquait et jusqu'au petit flacon de rhum, tout avait été respecté.

Lorsque l'on distribua du vin, les officiers présidèrent à la répartition qui se fit dans le plus grand calme au moyen d'une cruche qu'on remplissait à moitié d'eau.

Pour être absolument véridique, je dois ajouter qu'en cet instant, un officier d'ordonnance de l'Empereur, le capitaine Dreysse en grande tenue de service, resta avec les mobiles et leurs officiers et aida au service d'ordre.

C'est ainsi que finit le gouvernement de l'Impératrice régente.

Lorsque cet article a paru, il a soulevé des récriminations et j'ai cru devoir écrire au *Figaro*, le 10 septembre 1883, la lettre suivante, lettre qu'il n'a pas jugé à propos de publier.

Monsieur le Rédacteur,

Depuis que le *Figaro* a publié dans le supplément du 1er septembre 1883, mon article sur les journées du 3 et du 4 septembre 1870, aux Tuileries, un certain nombre de rectifications plus ou moins importantes, ont été demandées par plusieurs personnes attachées à un titre quelconque à la maison de l'Empereur.

Comme je me suis appesanti sur l'abandon dans lequel l'Impératrice s'était trouvée aux derniers moments de l'Empire, je m'attendais un peu à ces récriminations ;

Je m'y attendais d'autant plus, que les deux dernières pages de mon manuscrit (qui m'étaient trop personnelles) n'ont pas, pour ce motif peut être, été insérées dans votre journal.

Malgré tout, mon récit a cet avantage énorme, au point de vue historique, d'avoir forcé pour ainsi dire les intéressés à sortir d'un mutisme dont il m'est impossible de comprendre l'obstination après les attaques réitérées auxquelles ils ont été en but depuis 13 ans.

Il a fallu la plume d'un employé subalterne pour faire sortir ces messieurs de leur réserve et crier bien haut que chacun était resté à son poste même longtemps après le départ de l'Impératrice.

Que ne racontaient-ils ce douloureux odyssée immédiatement après la guerre.

A part quelques détails insignifiants qui ont pu m'échapper, je regrette vivement d'être obligé, pour rendre hommage à la vérité, de maintenir le texte de mon récit et d'en assurer la parfaite exactitude.

Je dirai même plus, c'est qu'une réclamation au sujet de la sortie de l'Impératrice par la porte du quai (réclamation juste) m'a fait voir que j'avais eu tort de chercher à mitiger les circonstances aggravantes en faveur de personnes que je connaissais peu ou point, mais que je respectais comme attachées à Leurs Majestés.

Pourquoi ne se sont-ils pas attaqués à l'article qui suivait le mien et signé Ch. de V. ? récit bien plus affirmatif et autrement dur à leur égard que le mien au point de vue de la défection de l'entourage masculin de Sa Majesté.

Je terminerai ma lettre déjà longue par ceci :

Il y a une personne que j'irai trouver et à qui je demanderai la permission de citer un fait et son nom.

S'il me l'accorde il me rendra un grand service.

Ma véracité ne sera plus mise en doute, car ce que l'Impératrice lui a dit au moment de son départ, est un témoignage accablant et irréfutable.

Schneider.

Aujourd'hui, en 1894, voici le fait dont il est question.

En 1871 je me promenais dans l'ambulance de la grande gerbe dans le parc de Saint-Cloud avec le prince de Metternich, ambassadeur d'Autriche, qui était venu visiter l'œuvre de son compatriote l'éminent docteur baron Mundy, qui avait fondé cette ambulance modèle.

La conversation roulait sur les événements qui s'étaient passés depuis le 4 septembre 1870 et le prince voulut bien me raconter l'anecdote suivante, qui peut faire suite à mon récit des journées du 3 et du 4 septembre aux Tuileries.

Le 4, à 1 heure et demie, M. Benoist d'Azy se présenta aux Tuileries pour voir l'Impératrice.

Personne ne se trouvant soit sous le péristyle, soit au premier où étaient les appartements de LL. MM., M. Benoist d'Azy frappa discrètement à la porte.

Ce fut l'Impératrice elle-même qui vint lui ouvrir..... le reconnaissant, elle s'avança vers lui les deux mains tendues et lui dit avec une émotion mal contenue : Vous le voyez! je suis déjà seule!!!.....

Je me dispense de tout commentaire.

IV

AFFECTION DE L'EMPEREUR
POUR L'IMPÉRATRICE

Le général Rolin voyait l'Empereur tous les jours à midi dans son cabinet de travail.

C'était pour ainsi dire une espèce de rapport journalier où il rendait compte de ce qui s'était passé pendant les 24 heures écoulées et où il prenait les ordres de S. M.

L'Empereur avait une confiance absolue dans le général et ne lui cachait rien de ses préoccupations et de ses soucis.

Une fois le général remarqua que S. M. était inquiète, même triste et qu'elle n'était pas à la conversation.

— L'Empereur paraît préoccupé aujourd'hui lui dit-il, S. M. me permet-elle de lui demander le sujet de sa tristesse ?

— Oui, Rolin, oui, je suis en effet bien ennuyé ; je viens d'avoir une scène avec l'Impératrice et toutes les fois que cela m'arrive j'en suis presque malade...

— Que V. M. me permette de lui faire observer respectueusement que l'Impératrice n'a pas toujours raison dans ses discussions avec Elle et pourtant l'Empereur lui cède chaque fois. Vraiment V. M. est trop faible à son égard et si elle lui refusait catégoriquement une bonne fois, elle ne reviendrait plus à la charge.

— C'est vrai, Rolin, reprit l'Empereur en souriant c'est vrai, mais que voulez-vous ! je ne puis voir pleurer l'Impératrice, cela me bouleverse, je suis bien obligé de lui accorder ce qu'elle me demande pour sécher ses larmes.

L'Empereur est tout entier dans cette phrase et montre combien il aimait la mère de son fils.

En parlant ainsi il faisait voir que le mobile qui le guidait en cédant aux larmes de l'Impératrice, n'était pas de se faire pardonner quelques fautes, mais de l'empêcher d'avoir un chagrin si petit qu'il fût du moment qu'il pouvait le lui éviter.

Les femmes savent le pouvoir qu'elles exercent sur celui que l'amour et l'affection leur livrent pieds et poings liés.

Le temps et les circonstances peuvent modifier la passion des premiers jours, mais l'épouse restée dans le droit chemin est d'autant plus forte que le mari n'a pas su ou pu résister aux entrainements, aux séductions d'un monde toujours attentif à lui plaire et à lui céder.

Il a à se faire pardonner et la femme en profite. Les têtes couronnées ne font pas exception à la règle.

Voilà peut-être pourquoi l'Impératrice était toujours sûre d'obtenir de son impérial époux ce qu'elle lui demandait.

V

LES AUDIENCES DE L'EMPEREUR

Les audiences de l'Empereur étaient très difficiles à obtenir, surtout lorsqu'on n'était pas quelqu'un, car alors c'était toujours l'aide de camp de service qui recevait l'impétrant et celui-ci n'obtenait généralement qu'une fin de non recevoir ou de l'eau bénite de cour.

Les malins avaient une autre manière de s'y prendre ; peu leur importait la filière, ils ne demandaient qu'à voir S. M. et non l'aide de camp, et voici comment ils s'y prenaient.

Ils cherchaient dans leurs connaissances quelqu'un qui connût un fonctionnaire de la maison de l'Empereur occupant dans la hiérarchie une position le mettant en relation avec

le personnel particulier de LL. MM., se faisaient donner une lettre de recommandation
pour lui ou, s'il était possible, se faisait présenter.

Il était bien rare que ce fonctionnaire ne
connût pas le valet de chambre ou l'huissier
de l'Empereur avec lequel il pût le mettre
en rapport.

Reçu par l'un ou par l'autre, le postulant,
après avoir exposé les motifs de sa demande
d'audience et avoir éclairé son futur protecteur
sur le plus ou moins de valeur de ses argu-
ments, remettait sa pétition et n'avait plus qu'à
en attendre la solution.

Si les titres exposés ne méritaient pas d'être
pris en considération par suite de la petite
enquête faite par l'introducteur, la personne
était informée de l'impossibilité où on était de
mettre la pétition sous les yeux du souverain.

C'était fini alors.

Mais dans le cas contraire, voici ce qui se
passait :

Dès que l'Empereur entrait le matin dans

son cabinet de travail, il trouvait la pétition
toute grande ouverte étalée sur son bureau et
bien en évidence.

— Qu'est-ce cela? demandait-il, qui a ap-
porté cette pétition.

— C'est moi, Sire, répondait l'huissier, qui
me suis permis de la mettre sous les yeux
de V. M., c'est une personne que je connais et
qui est réellement digne d'intérêt.

— Il fallait la remettre à l'aide de camp de
service, disait l'Empereur tout en prenant
connaissance de la lettre.

— C'est vrai, Sire, mais jamais postulant
n'a obtenu quoi que ce soit de l'aide de camp
et M*** qui a déjà été reçu à Plombières par
l'un d'eux n'a abouti qu'à une réponse négative. La situation de sa famille est si intéres-
sante pourtant... et le brave serviteur au courant de cette situation trouvait toujours moyen
d'attendrir l'Empereur.

— Eh bien! où est-elle cette personne?

— Elle est au bureau de la Régie et peut
être ici dans deux minutes.

— Faites-la venir de suite, mais passez par

l'escalier de service afin que personne ne la voie entrer.

Le postulant était présenté à l'Empereur qui l'écoutait avec bonté et toujours S. M. annotait elle même la pétition qui recevait ainsi une sorte de consécration contre laquelle personne n'osait protester[1].

Du reste, il n'y avait pas que les humbles qui employaient ce moyen pour arriver à l'Empereur.

Pendant plusieurs années est restée dans un vase de Sèvres, placé dans l'antichambre, la carte de visite d'un des grands noms de France dont les ancêtres avaient servi avec distinction sous Henri IV.

Cette carte portait : Le duc de *** présente ses respects à M. Félix (nom de l'huissier de l'Empereur) et le prie de ne pas oublier sa petite affaire.

Sa petite affaire... quelle était-elle ? en tous cas elle a dû réussir.

---

[1] Cette anecdote est de la plus rigoureuse authenticité. Une personne, qui occupe une haute position et qui m'a oublié, naturellement, a été mise par moi en rapport avec Félix, huissier de l'Empereur.

VI

LA CORRESPONDANCE DE L'EMPEREUR
AVEC FLEURY

Lors du départ de LL. MM. du Palais de St-Cloud, (ce qui avait lieu généralement au milieu d'octobre ou commencement de novembre) pour aller à Compiègne, tout le personnel partait en même temps, de sorte que les appartements restaient tels qu'ils étaient au moment où l'Empereur et l'Impératrice montaient en voiture pour se rendre à la gare située dans le parc.

Dès que LL. MM. quittaient leurs appartements, le régisseur et le sous-régisseur entrant l'un, par l'antichambre de l'Empereur, l'autre par celui de l'Impératrice, s'enfermaient et recueillaient tous les papiers, objets quelconques laissés dans les différentes pièces. Un inventaire rigoureusement exact en était dressé et conservé, en cas de réclamation, dans les archives de la régie.

En 1868, en opérant comme les années précédentes, le sous-régisseur, visitant les meubles du cabinet de travail de l'Impératrice, trouva trois cartons volumineux, oubliés dans le tiroir d'une console.

Il allait les ouvrir pour voir ce qu'ils contenaient, mais sur le dos de ces cartons il lut avec surprise : Correspondance de l'Empereur avec le général Fleury 1849-1852. Correspondance de l'Empereur avec M. Walewski 1849-1852.

Dès lors, ouvrir ces cartons était une indiscrétion, il ne le fit pas et fermant le tiroir à double tour, il prévint le régisseur de cette découverte qu'il avait faite et lui demanda ses instructions.

— Attendons qu'on les réclame, répondit-il.

— Ne vaudrait-il pas mieux informer S. M. que ces papiers, probablement importants, sont ici ?

— Non, ce n'est pas la peine, peut-être l'Impératrice l'a-t-elle fait avec connaissance de cause.

Devant l'ordre de son chef, le sous-régisseur n'avait qu'à s'incliner.

Au mois d'avril 1869, un officier d'ordonnance de l'Empereur, M. Duperré, se présenta à Saint-Cloud et fut reçu, en l'absence du régisseur, par le sous-régisseur.

Depuis plusieurs mois, dit-il, on était à la recherche de papiers importants qui étaient égarés.

On était allé à Fontainebleau, à Compiègne, Biarritz et même Pau ; en désespoir de cause on venait à St-Cloud, mais persuadé d'avance que ces papiers avaient été soustraits, enfin qu'aux Tuileries on était très inquiet.

Le sous-régisseur lui raconta alors ce qui s'était passé et, à la grande joie de l'officier d'ordonnance, lui apprit que ces papiers étaient dans le cabinet de travail de l'Impératrice.

Le lendemain Bignet, valet de chambre de S. M. vint chercher les trois cartons et les remit à l'Impératrice.

Il est certain que si les employés de la maison de l'Empereur avaient voulu lire ces documents de la plus haute importance et en prendre copie ils pouvaient le faire impunément, mais ils n'y ont pas songé un seul instant.

Tout ce qui appartenait à LL. MM. était sacré pour eux et jamais on ne s'est permis de toucher à quoi que ce fût dans les appartements particuliers de l'Empereur et de l'Impératrice.

Les Wilson et consorts n'existaient pas à cette époque.

VII

LES CARNETS DE VOYAGE DE
L'EMPEREUR

Toutes les fois que l'Empereur devait faire un voyage dans une partie quelconque de la France (voyage officiel bien entendu), on lui remettait un carnet de notes très circonstanciées sur les fonctionnaires civils et militaires qu'il était appelé à recevoir dans les localités où il s'arrêterait.

Tout personnage ayant une certaine notoriété y figurait, magistrats, notaires, riches cultivateurs ou industriels.

Ces notes admirablement rédigées et calligraphiées, étaient curieuses à compulser, par les réflexions qu'elles suggéraient sur certains gros bonnets qui étaient loin de se douter des appréciations dont ils étaient l'objet.

Voici, à titre d'exemple, les notes d'un préfet d'un de nos départements de l'ouest :

Préfet : M*** âgé de 49 ans, homme d'une nullité complète, mais d'un dévouement à toute épreuve pour l'Empereur et la famille impériale. Marié à Mlle *** fille de M*** un des principaux éleveurs du département, a deux enfants : un garçon et une fille. Etait conseiller de préfecture en 1851 à *** et a contribué puissamment au mouvement en faveur de l'Empire.

Général de brigade M*** etc., etc.

Entre deux stations l'Empereur consultait son carnet, l'étudiait, et arrivé dans une localité quelconque, le maire et le conseil municipal étaient étonnés et vivement flattés de voir que l'Empereur non seulement les connaissait de nom, mais encore qu'il leur parlait de leurs familles, des faits saillants relatifs à leur vie administrative et ils s'extasiaient sur la mémoire prodigieuse de S. M...

Est-ce que naguère Gambetta ne s'attachait

pas tous les cœurs de nos bons ruraux en employant les mêmes moyens ? en les questionnant sur leurs intérêts les plus chers qu'il semblait connaître aussi bien qu'eux ?...

Il en était de même pour l'Impératrice, mais ses carnets ne contenaient rien de politique.

C'était des renseignements purement de famille qui lui indiquaient, pour les cadeaux qu'elle avait à faire, la situation sociale de chaque personne qui lui était présentée.

S. M. distribuait ses dons avec beaucoup de tact et savait éviter les froissements qui, bien souvent, résultent d'un cadeau plus important qu'un autre, fait à des jeunes filles déjà trop disposées à se jalouser entre elles.

VIII

LES COLÈRES ET LES BONTÉS DE L'EMPEREUR

L'Empereur parlait très peu, aimait à se promener seul pendant des heures entières dans la grande allée de gauche des jardins réservés à Saint-Cloud, et s'impatientait lorsqu'on venait le déranger et, bien souvent, dans ses promenades au Bois de Boulogne, avec son aide de camp de service, il restait absorbé, ne disant pas un mot tout en conduisant lui-même sa voiture. Si l'aide de camp essayait de rompre ce silence trop long à son gré, l'Empereur lui disait doucement : laissez-moi, mon cher un tel, laissez-moi à mes préoccupations.

Aussi, un général qui connaissait bien le Souverain et que l'on priait de lui communi-

quer une chose assez grave, sachant qu'il était
un de ses préférés, répondit froidement à ceux
qui se récusaient et qui insistaient auprès de
lui pour cette mission délicate :

Lorsque j'ai l'honneur d'accompagner l'Empereur, j'ai toujours suivi un principe que je
crois bon et dont je ne m'écarterai jamais, je
ne lui parle que lorsqu'il m'interroge.

L'affaire si importante en resta là : Napoléon III ne sut rien, chacun ne voulant pas
prendre sur lui d'attacher le grelot de peur
de se nuire dans l'esprit de Sa Majesté.

Toujours calme, toujours maître de lui, personne ne pouvait lire sa pensée sur sa physionomie ; à peine si dans des circonstances exceptionnelles, on pouvait apercevoir une certaine contraction dans ses traits, c'était un
éclair fugitif qui disparaissait aussitôt.

Mais lorsqu'on lui rapportait quelque chose
qui avait le don de l'irriter, il tordait sa moustache d'une main fébrile et ne prononçait que
ces mots : Dieu que c'est bête !...

Il reprenait vite possession de lui-même, et
chacun se disait l'Empereur est furieux.

Chez lui c'était le paroxysme de la colère.
Très affectueux pour ceux qui l'entouraient, il
ne savait rien leur refuser, aussi en usait-on et
en abusait-on.

Napoléon III a pu paraître ingrat à l'égard de
certaines personnes qui lui avaient rendu des
services signalés, alors qu'il était jeune et sur
la terre d'exil, mais le commun des mortels ne
se rend pas assez compte du cercle de fer qu'il
faut traverser pour arriver jusqu'au Souverain.

Aussi, je me rappelle que lorsque j'étais ar-
chiviste dans les bureaux du grand maréchal
aux Tuileries, il me tomba sous la main plusieurs lettres d'une famille des États-Unis chez
qui le prince Louis avait été reçu cordialement
et comme un fils pendant de longs mois, alors
qu'il était en Amérique.

Cette famille, qui avait tout perdu depuis,
implorait l'Empereur et le suppliait de vouloir
bien lui accorder son appui.

Jamais ces lettres n'étaient parvenues à leur
adresse, toutes avaient été interceptées et pour
cause : on craignait l'effet de la reconnaissance
de l'Empereur.

En marge de la première lettre, il y avait *ne pas répondre* (et ce n'était ni de la main de Napoléon, ni de celle du général Rolin).

Sur la deuxième : *encore !*

Enfin sur la dernière : *Ah çà ! ces gens-là sont donc insatiables, ne pas répondre.*

Comme c'est bien le cri d'un repu qui a trop et qui ne veut pas qu'on touche à ce trop !...

Et l'Empereur est mort, persuadé que ces personnes qu'il avait connues possédant une belle fortune, étaient restées dans l'opulence, sans quoi, certainement, il serait venu à leur secours, car il a été toujours reconnaissant envers ceux qui lui sont venus en aide dans les moments critiques de son existence.

Combien de personnes pourraient le certifier si elles le voulaient, mais...

On ne tarirait pas d'anecdoctes sur ce chapitre.

La race des courtisans vieille comme le monde sera toujours la même ; comme les chiens elle montre les dents aux téméraires qui osent venir solliciter les miettes de la munificence impériale.

Souvent ce sont ces mêmes courtisans partis de bas et élevés par la volonté du Souverain qui, lorsque les temps deviennent difficiles (tempora nubila !) s'éclipsent de la cour sous prétexte d'infirmités ou de maladie chronique, se retirent dans de belles propriétés du Périgord dues à la générosité de leur maître et y vivent grassement comme ils ont toujours vécu, sans scrupules et sans remords, se plaignant au contraire de l'ingratitude impériale !...

Ceux qui ont connu la cour de Napoléon III, et qui liront ces lignes, sauront reconnaître celui dont je parle... peut-être y en a-t-il d'autres qu'ils confondront dans le même sentiment de répulsion.

Les quémandeurs ne manquaient pas et toujours l'Empereur les accueillait avec bonté.

Tel ce noble du faubourg Saint-Germain qui lui demanda, dans une audience qu'il avait obtenue et accepta deux cent mille francs, alléguant que portant un des plus grands noms de France, il était ruiné par des spéculations malheureuses et qu'il ne pouvait plus soutenir son rang.

Le plus joli c'est que racontant son entrevue avec Sa Majesté, il finissait en disant.

Que veut-il que je fasse avec le peu qu'il m'a donné? mais c'est toujours autant de pris sur l'ennemi...

Tel autre qui devant se marier, sollicitait une dot de deux cent mille francs (ils n'y vont pas de main morte les grands seigneurs) moyennant quoi il abandonnerait ses justes revendications sur une somme considérable (plusieurs millions je crois) qui était due par le Saint-Siège à un de ses ancêtres du temps de Henri IV.

Un troisième, ceci est de l'actualité, lui écrivait une pétition par laquelle il lui proposait de lui vendre cent mille francs des papiers secrets sur l'expédition du Mexique et sur cette pétition, que j'ai vu sur le bureau de M. Conti, secrétaire de l'Empereur, Sa Majesté avait griffonné et signé ne pas répondre.

Une deuxième pétition du même personnage réduisant ses prétentions de moitié eut le même sort...

Quel écœurement devait éprouver l'Empereur lorsqu'il recevait ces doléances et qu'il devait mépriser l'espèce humaine !

Sur le bureau de l'Empereur j'ai vu également une note toute entière de la main du postulant et ainsi conçue :

M. B. demande la croix de chevalier de la légion d'honneur pour M. *** et celle d'officier pour lui.

Il est vrai d'ajouter que M. B. était très connu de l'Empereur, mais je trouvais cette demande un peu trop concise et sèche.

Une dernière anecdocte :

Un simple postillon eut un jour la malheureuse inspiration de remettre directement à l'Empereur une pétition par laquelle il sollicitait un secours pour son père qui venait d'être frappé de paralysie.

Sa Majesté donna l'ordre de lui donner cinq cents francs.

Le lendemain le pauvre postillon était révoqué de ses fonctions par le général Fleury.

Ce jeune homme fut non seulement expulsé du palais mais même de la ville et on le prévint que si on le voyait rôder autour du château il serait arrêté et mis à l'ombre...

L'Empereur n'eut pas connaissance de ce fait et Léon son valet de chambre, qui le lui aurait certainement raconté, était mort, sans quoi il eût fait réintégrer ce pauvre garçon.

Je m'arrête ici ; c'est bien suffisant pour faire voir que le chef de l'État ne peut être responsable des infamies qui se commettent en son nom et que ses bienfaits ne trouvent même pas grâce devant certains qu'il a sauvés de la ruine et du déshonneur.

IX

COURAGE ET SANG-FROID DE L'IMPÉRATRICE

L'exposition des œuvres du célèbre sculpteur Carpeaux, remet en lumière la statue qu'il fit du Prince Impérial et qui aujourd'hui est déposée au musée Carnavalet.

Le prince est représenté debout, la main appuyée sur la tête de Néro, magnifique chien anglais appartenant à l'Empereur.

Néro était presque un personnage.

Quel philosophe ! quel épicurien !

Les caresses que chacun lui prodiguait, les flatteries de tous les courtisans impériaux avaient peu de prise sur lui ; il les acceptait d'un œil indifférent et d'un cœur sec.

Pourquoi aurait-il recherché leur compagnie
dont il ne tirait aucun profit ?

Très positif, il pensait que si les hommes
aiment l'argent, lui préférait les bons morceaux et l'amitié d'un cuisinier ou d'un laveur
de vaisselle lui tenait plus au cœur que celle
d'un chambellan ou même d'une dame d'honneur.

Apercevait-il la casaque blanche d'un mar-
miton, il s'empressait de fausser compagnie
aux plus grands seigneurs de la cour pour
courir en frétillant de la queue vers cet ami
véritable, qui avait toujours sur lui quelques
douceurs à lui donner.

Insatiable comme beaucoup des familiers
(genre homme) de la cour, il ne comptait jamais
en vain sur ses pourvoyeurs de bas étage, et,
lorsqu'il était bien repu pour quelques heures,
il rentrait dans les appartements, s'étendait sur
un bon tapis et s'endormait béatement pensant au bon repas, non pas qu'il venait de
faire, mais qu'il ferait dès qu'il se sentirait
quelques légers tiraillements d'estomac.

Heureux Néro ! Il n'était pas fier, pas assez

même pour la haute situation qu'il occupait :
les cuisines impériales, les morceaux de choix
ne lui suffisaient pas ! Néro s'encanaillait !

On le rencontrait chaque matin fraternisant
avec les rares toutous qui pénétraient subrepticement dans les cours du palais et far-
fouillant avec eux dans les tas d'ordures des
cuisines.

Ce chien fut en 1865, à Saint-Cloud, le héros
d'une aventure qui faillit, sans le courage et
le sang-froid de l'Impératrice, compromettre la
vie de l'Empereur.

Cette anecdote est peu connue du public
et même des familiers de la cour.

Leurs Majestés étaient allées se promener
seules à la ferme de Villeneuve-l'Etang, située
dans le domaine de ce nom et réunie au parc
de Saint-Cloud en 1852.

Ce fut dans le château de Villeneuve qui
existe encore et qui est habité par M. Pasteur,
que l'Empereur et l'Impératrice vinrent passer
leur lune de miel en janvier 1853.

Devant cette ferme et séparées seulement
par la rivière du lac, se déroulaient de vastes

prairies (où fut établi le camp de Villeneuve-l'Etang en 1871) semées de bouquets de bois où paissaient tous les jours une vingtaine de vaches des meilleures races et un taureau de Durham.

Ces bestiaux étaient sous la garde d'un vieux vacher suisse que l'Empereur avait fait venir d'Arenberg.

Ce jour-là, LL. MM. étaient accompagnées de Néro.

Tout en causant, l'Empereur et l'Impératrice avaient dépassé les claies qui empêchaient les bestiaux de vaguer dans les autres parties du parc et s'avançaient au milieu des vaches étonnées de voir d'autres figures que celle de leur gardien habituel.

Néro était resté en arrière ; tout à coup relevant le nez il éventa le taureau et ses compagnes.

Sans penser à malice, il bondit en aboyant au milieu du troupeau et en un instant il l'eut dispersé, mais il comptait sans le taureau auquel il eut la maladresse de s'adresser ; celui-ci furieux se précipita sur le malheureux chien qui, ne s'attendant pas à une pareille réception, prit une fuite prudente et, la queue entre les jambes, courut en toute hâte se réfugier près de l'Empereur.

Pendant ce temps, le gardien qui avait vu ce qui se passait et craignant un malheur, se mit à courir aussi vite que ses vieilles jambes le lui permettaient ; mais il était loin et le taureau se rapprochait rapidement de LL. MM. qui comprirent l'imminence du péril, car la fuite était impossible et n'aurait fait qu'exciter cette bête furieuse.

L'Impératrice se mit alors devant l'Empereur (ceci se fit avec la rapidité de l'éclair, le taureau n'étant plus qu'à quelques pas) et armée seulement d'une haute canne en bambou à pomme d'or, elle attendit l'animal de pied ferme.

Celui-ci arriva bientôt comme une trombe, ne perdant pas de vue l'infortuné Néro qui s'était collé contre l'Empereur.

L'Impératrice le laissa avancer droit sur elle et, dès qu'il fut à sa portée, faisant un léger saut de côté, comme un torero Espagnol, elle lui brisa sa canne sur le mufle...

Le taureau, surpris, s'arrêta net et ce temps d'arrêt, si court qu'il fût, permit à la voix du bouvier d'arriver jusqu'à lui. Tournant lentement la tête il reconnut son gardien qui accourait tout essoufflé, et se remit à paître sans plus s'occuper du pauvre Néro qui en fut quitte pour la peur.

Aussi, chaque fois que Leurs Majestés dirigeaient leur promenade à pied vers Villeneuve, Néro restait au palais, trouvant qu'il valait mieux rôder autour des cuisines, qu'autour d'un animal si susceptible.

X

L'IMPÉRATRICE ET SES MEUBLES

Chaque fois que l'Impératrice revenait passer quelque temps à Saint-Cloud, le régisseur était sûr d'être appelé par elle, et d'essuyer des reproches pour avoir changé de place un meuble quelconque de ses appartements.

Dans son cabinet de travail, par exemple, il était difficile de pouvoir circuler en raison de la quantité de petites tables, de guéridons et d'étagères qui s'y trouvaient.

Ces reproches n'étaient nullement justifiés et il ne fallait pas s'exposer à lui soutenir le contraire; pour y obvier, le service de la Régie le jour du départ de S. M. dressait un plan exact de l'emplacement des meubles rangés par l'Impératrice et, à son retour, si quelque difficulté surgissait, on le lui mettait sous les yeux. Alors ce n'était plus le régisseur mais son valet de chambre Bignet qui était sur la sellette.

— Bignet, vous avez encore changé ce fauteuil de place, et vous savez pourtant que je veux tout retrouver dans le même ordre qu'en partant.

— Mais non, Votre Majesté, et la preuve c'est que la dernière fois, avant de partir, j'ai eu soin de marquer à la craie la position des fauteuils et des chaises et enlevant le fauteuil il montrait sur le tapis la marque des quatre pieds.

L'Impératrice ne put s'empêcher de sourire de cette preuve évidente et ne renouvela pas ses remontrances.

Ce n'est pas seulement dans l'intérieur de ses appartements particuliers que l'Impératrice avait la manie de régler à sa fantaisie l'emplacement des différents meubles ; il lui arrivait bien souvent de bouleverser l'ameublement de plusieurs pièces en se faisant aider par de graves personnages de la cour. On transportait tel canapé ou tel autre meuble dans tel salon et cela à la grande stupéfaction des domestiques et des employés spéciaux. Ne pouvaient-ils être étonnés de voir le général Castelnau et S. M. se fatiguer inutilement, alors qu'il n'y avait qu'à leur donner des ordres pour faire accomplir ce travail.

Et pourquoi? pour remettre tout en place, comme auparavant, en raison des caprices qu'avait la Souveraine.

Les meubles de chaque pièce étaient appropriés aux tentures et le changement effectué produisait un effet disparate par trop accentué.

Aussi toutes les fois que le général Lepic était là, (il n'était pas un flatteur, lui, il avait son franc parler,) comme il ne se gênait pas pour faire des observations très rationnelles, il quittait la pièce dès que le déménagement commençait, disant à l'Impératrice :

Tenez, Madame, je me retire pour ne pas assister à des déménagements qui n'ont aucune raison d'être et ceux qui vous approuvent n'en pensent pas un traître mot, tout à l'heure ils seront de mon avis, lorsque vous vous apercevrez 'de l'hérésie que vous allez commettre.

L'Impératrice, qui l'estimait fort, mais qui avait l'habitude de n'être contrecarrée par personne, pas même par l'Empereur, lui disait en riant : C'est cela, général, allez vous en car jamais vous n'êtes de mon avis et on dirait que vous le faites exprès.

— Il suffit que V. M. ait une idée pour que tout le monde l'admire avec enthousiasme ; moi, j'ai le malheureux défaut de dire franchement ce que je pense.

Une fois, à Compiègne, les fantaisies mobilières de l'Impératrice la brouillèrent avec une personne de la cour.

S. M. voulait couvrir un des côtés d'un salon avec une magnifique tapisserie des Gobelins d'un prix inestimable ; seulement la tapisserie était trop large ; sans hésiter elle donna l'ordre aux tapissiers de la couper à la dimension de la muraille.

C'était un acte qui frisait le vandalisme puisqu'il supprimait des personnages dont on n'aurait vu qu'un bras, une tête ou une jambe.

Cette personne qui était présente, connaissait bien le caractère de S. M. qui ne souffrait aucune contradiction ne put s'empêcher de lui faire observer, le plus respectueusement possible, que c'était retirer sa valeur à une tapisserie représentant un tout complet et que cette tenture pourrait être placée dans une autre pièce plus grande.

L'Impératrice sentant bien qu'elle avait tort, elle habituée à avoir toujours raison, donna, d'un ton bref, l'ordre de retirer la tapisserie qui heureusement était intacte et de l'emporter.

Puis tournant brusquement le dos au donneur de conseil, elle rentra dans ses appartements sans dire un mot.

Cet officier de la couronne qui n'était pas un grand personnage comme le général Lepic comprit qu'il avait froissé S. M. en effet, elle ne lui pardonna pas ses observations, bien qu'elles fussent judicieuses et ne revint jamais aux sentiments affectueux qu'elle lui témoignait jadis.

XI

MONSIEUR MONNIER
Précepteur du Prince Impérial.

M. Monnier fut le premier précepteur du Prince Impérial.

Il possédait une très belle instruction, mais, grisé par la haute position qu'il occupait sans avoir brigué cet honneur que plus d'un lui enviait, il ne comprit pas l'importance du rôle qu'il était appelé à remplir.

Il adorait le Prince jusqu'à la faiblesse et n'avait aucune aptitude pour diriger un jeune enfant que le destin semblait avoir désigné pour gouverner un jour un grand peuple.

La distance qui existait entre eux deux ne lui commandait-elle pas une énergique volonté, une manière d'être avec son élève qui n'engendrât pas une familiarité détruisant son autorité? Ne connaissant nullement le monde, il ne pouvait inculquer à son élève les principes du savoir-vivre et d'une certaine étiquette, et si le Prince possédait quelques-unes de ces qualités qui font l'enfant bien élevé, c'est qu'elles étaient pour ainsi dire innées chez lui.

M. Monnier eût été excellent professeur au Collège de France, mauvais professeur dans un lycée. Il ne fut pour le Prince qu'un serviteur complaisant, lui passant toutes ses fantaisies d'enfant gâté, et cherchant à gagner ses bonnes grâces par sa condescendance à ses moindres désirs.

Il avait une physionomie intelligente et était assez beau garçon, avec ses cheveux rejetés en arrière, mais il posait avec tout le monde, très fier, saluant à peine ou, s'il saluait, c'était avec une certaine affectation montrant qu'il daignait descendre des hautes sphères où il planait.

Il recevait des pétitions qui lui étaient directement adressées et y répondait (quelquefois) en faisant des promesses qu'il savait

pertinemment ne pouvoir tenir, car le lendemain, ces pétitions, où on le comparait à Fé-
nelon, Bossuet, Fleury, etc., étaient jetées au
panier et servaient, ainsi que les brochures
avec dédicace, à allumer le feu.

Sa manière de faire l'éducation du Prince
était originale ; tous les devoirs de son élève
étaient tantôt écrits au crayon, tantôt à la
plume, non pas sur des cahiers, mais sur des
feuilles volantes, tout agrémentées de croquis
exécutés par le Prince qui avait vraiment des
dispositions peu communes pour le dessin, car
il n'avait que dix ans et plusieurs de ses croquis (des cavaliers) étaient réellement remarquables.

Ses devoirs, dira-t-on, bien qu'enluminés,
étaient pourtant bien réguliers ? Point. Le
Prince écrivait à droite, à gauche, en travers,
en biais... peu lui importait, et M. Monnier
se contentait de cela.

Tout changea lorsque le général Frossard
fut nommé gouverneur du Prince Impérial, en
1867, et les cours que suivit l'enfant sous
l'habile et paternelle direction du général pri-

rent, dès lors, une voie sérieuse qui lui fit faire de réels progrès en peu de temps.

M. Monnier en était arrivé, de par sa situation de précepteur du Prince Impérial, à se croire non seulement l'égal des plus hauts personnages de la Cour, mais encore à traiter certaines personnes de la famille impériale avec un sans-gêne frisant l'impolitesse et que certes, quiconque ayant tant soit peu l'usage du monde, ne se serait pas permis, surtout à l'égard d'une femme, ne fût-elle pas princesse.

Ceci se passait aux Tuileries, alors que le Prince commençait à ressentir les premières atteintes de la maladie qui le mit aux portes du tombeau en 1867.

Le Prince était couché ; M. Monnier, assis mollement dans un grand fauteuil à quelques pas du lit de son élève, lisait, lorsqu'on annonça la visite de Mme la princesse de***, parente de l'Empereur. Plongé dans son fauteuil et absorbé par sa lecture, M. Monnier, ne daigna pas tourner la tête et resta indifférent à ce qui se passait près de lui.

La Princesse remarqua peut-être cette grossièreté qui indiquait peu d'éducation de la part du précepteur du Prince, mais, en femme du monde, parut n'y attacher aucune importance.

A son départ, alors qu'elle saluait une dernière fois le Prince, M. Monnier prit probablement ce salut pour lui et, ne voulant pas être en reste avec une aussi grande dame, il posa son livre sur ses genoux et, tournant légèrement la tête avec une nonchalance de petite maîtresse, il fit avec la main un geste cavalier, en disant, d'un ton impossible à décrire tant il était plein d'affectation ridicule et vaniteuse :

— Adieu, Princesse !

Et il reprit sa lecture.

Quant à la Princesse, elle resta un instant stupéfaite de cette façon plus que familière avec laquelle elle était traitée par le précepteur du Prince, mais, prenant son parti, elle le toisa de ce regard qu'ont seules les femmes auxquelles on manque de politesse et sortit en riant aux éclats.

M. Monnier ne comprit pas la leçon.

XII

L'ACCIDENT DU PRINCE IMPÉRIAL

En 1867, des bruits malveillants sur l'organisme du Prince circulèrent dans un certain public. Nul ne prit souci de rechercher quelles pouvaient être les causes d'une maladie longue et dangereuse qui le tint cloué sur un lit de douleur pendant plusieurs mois.

L'origine de cette maladie remontait au mois de juillet 1866 et fut déterminée par une chute qu'il fit à son gymnase dans le parc de Saint-Cloud.

M. Monnier, son précepteur, fut, par son manque de surveillance, un peu cause de ces accident.

M. Monnier ne quittait jamais le Prince.

Aux heures non consacrées aux études, il le conduisait tantôt dans les jardins du Trocadéro au petit kiosque près du lac, tantôt dans une partie des jardins du bas, au bassin des trois Bouillons, à l'extrémité de l'allée des Goulottes.

Cet emplacement assez vaste avait été transformé en lieu spécial pour les récréations du Prince.

Il y avait un portique muni de tous ses agrès, un tir au pigeon, un tir à l'arbalète et à l'arc et un petit chemin de fer miniature qui mérite d'être mentionné.

La voie affectait la forme d'un 8 ayant environ 6 mètres de diamètre et comportait tout ce qui constitue une ligne bien établie : gare à voyageurs et à marchandises, viaduc, aiguillage, signaux, etc., etc.

Le train établi sur le modèle du *train impérial* se composait d'une locomotive mue par un fort ressort, d'un salon, d'une salle à manger, et d'une chambre à coucher capitonnée en satin blanc. Ce train était remarquable en ceci : que les essieux étaient engagés près des roues dans des parallélogrammes en bronze à glissière afin de pouvoir décrire des courbes très courtes, ce qui évitait des roues supplémentaires comme au chemin de fer de Sceaux.

Il est juste de dire que la locomotive ne marchait jamais plus d'un quart d'heure ou une demi-heure par an, lorsqu'elle était mise entre les mains du Prince, car, régulièrement, le grand ressort se cassait ou se trouvait forcé, le jeune voyageur trouvant plus simple de remonter la machine en s'asseyant dessus et en la faisant ainsi marcher à reculons.

Par une belle journée de juillet, le Prince était à son gymnase et M. Monnier, assis à quelque distance, s'absorbait dans la lecture d'un livre, laissant son élève entièrement livré à lui-même.

Le prince était au trapèze et se balançait doucement.

Tout à coup il aperçut l'Impératrice qui, dans une voiture de jardin qu'elle conduisait elle-même, traversait le parc non loin de là.

— Maman ! maman ! lui cria-t-il, regardez comme je fais bien le trapèze ! En disant ces mots il laissa glisser ses mains le long des cordes, et, se retenant par les pieds aux deux coins, il se balança la tête en bas.

A ce moment, ses pieds ayant lâché prise, il tomba sur le sable et resta étendu sans mouvement.

Que lui était-il arrivé ? sa digestion n'étant pas faite (il venait de déjeuner,) s'était-il produit une congestion ?

L'Impératrice vit cette scène, et, en moins de temps qu'il n'en faut pour l'écrire, elle prit une détermination.

Tournant bride aussitôt, elle cingla vigoureusement d'un coup de fouet ses deux chevaux noirs, qui partirent à fond de train vers l'appartement du Dr Corvisart, au pavillon de Valois.

Ils descendirent d'un galop furieux la rampe qui, tout le monde le sait, est très rapide et contournée en S. Ce fut miracle si la voiture ne versa pas et il ne fallait rien moins que l'adresse consommée de Sa Majesté et sa surexcitation pour éviter une nouvelle catastrophe.

La voiture tourna à gauche toujours à la même allure et s'arrêta brusquement devant le perron du bureau de la régie : l'appartement du docteur était en face.

Le baron Corvisart avait vu la voiture et s'était empressé d'ouvrir sa porte, se doutant bien qu'il était arrivé quelque chose.

— Ah ! docteur, lui dit l'Impératrice, venez vite, bien vite ! Ce pauvre enfant ! Je ne sais ce qui lui est arrivé, j'ai couru au plus pressé en venant vous chercher. Montez vite avec moi !

Le docteur s'élança dans la voiture, l'impératrice rassembla ses guides et les chevaux reprirent leur course vertigineuse.

L'accident du Prince n'était rien ou presque rien, car il avait repris connaissance lorsque l'Impératrice revint auprès de lui, mais les suites en furent graves et le mirent l'année suivante aux portes du tombeau.

Quant à M. Monnier, il fut vivement admonesté de ne pas s'être tenu à une distance plus rapprochée de son élève et il fut invité à s'occuper à l'avenir un peu plus du prince pendant ses récréations et un peu moins de ses livres.

XIII

LA MALADIE DU PRINCE IMPÉRIAL
En 1867

Lorsqu'il était à Saint-Cloud, le Prince Impérial habitait les anciens appartements de la princesse Adélaïde (sœur de Louis-Philippe) au rez-de-chaussée de l'aile droite du château, au-dessous de ceux de l'Impératrice. Son salon d'étude et sa chambre à coucher donnaient sur un petit jardin situé à l'extrémité de la cour d'honneur et qu'on apercevait encore il y a quelques années.

C'est là qu'il passa les premières années de son enfance, jouant, lorsqu'il faisait beau, dans ce jardin, et dans le vestibule du Fer à cheval lorsqu'il faisait mauvais temps.

A la suite de l'accident relaté plus haut, le

Prince à peine rentré aux Tuileries, tomba gravement malade et un moment les médecins furent très inquiets sur son compte, regardant son état comme presque désespéré ; aussi il avait été décidé qu'il serait transporté à Saint-Cloud dès que faire se pourrait pour le changer d'air.

D'ailleurs, l'Exposition de 1867 allait s'ouvrir : les rois, les potentats de l'Europe entière avaient répondu avec empressement à l'invitation de Napoléon III et le séjour aux Tuileries ne pouvait qu'être préjudiciable à ce pauvre enfant malade.

Aussi, vers la fin de mars 1867, l'Empereur craignant que l'appartement occupé jusqu'alors par le Prince fût trop humide, vint visiter les appartements du deuxième étage au-dessous de l'horloge, lesquels avaient été habités jadis par le duc de Nemours.

Les trouvant propices au rétablissement de la santé de son fils, il demanda combien de jours étaient nécessaires pour préparer l'installation.

Tout était à changer : la chambre à coucher

était restée telle qu'elle était en 1847 ; meubles en citronnier, tentures en soie cerise brochée, dont la teinte n'avait subi aucune altération depuis vingt ans.

Il fut convenu (c'était un jeudi) que le mardi suivant tout serait prêt pour recevoir le prince. On comptait sans la maladie qui prit un caractère inquiétant et les médecins se prononcèrent pour un changement d'air immédiat sous peine d'issue fatale.

Le samedi, à onze du soir, une estafette apporta l'ordre de hâter les préparatifs, le prince arrivant le lendemain matin dimanche, au lieu de mardi.

Les ouvriers du Palais durent passer la nuit pour terminer les travaux d'installation et à huit heures du matin tout était prêt lorsque le général Lepic, surintendant des Palais, vint voir si ses ordres avaient été exécutés.

A dix heures précises les voitures de la Cour franchissaient la grille d'honneur.

Dans la première voiture se trouvait le Prince couché sur un lit de camp, ayant à ses côtés l'Empereur et l'Impératrice.

L'empereur était en grande tenue de général de division : il devait immédiatement après l'installation du Prince à Saint-Cloud, se rendre à l'Exposition universelle pour en faire l'ouverture solennelle.

Tout le personnel du château assistait à l'arrivée de LL. MM. et plus d'une personne avait les larmes aux yeux en voyant ce pauvre enfant que tout le monde chérissait, la figure hâve, mais conservant toujours son expression pleine d'aménité. Un pâle sourire erra sur ses lèvres lorsqu'il vit tous ses fidèles serviteurs émus de le voir dans cet état et il essaya de saluer de la main, mais ses forces le trahirent, il ne put que soulever légèrement le bras.

Arrivée au salon de Mars, au-dessous du petit pont qui faisait communiquer les nouveaux appartements avec le jardin du Trocadéro, la voiture s'arrêta ; l'Empereur descendit le premier, offrit la main à l'Impératrice et refusant le concours de qui que ce fût, prit son fils dans ses bras. L'Impératrice le suivait en soutenant la tête du pauvre petit malade qui, bien qu'accablé par une fièvre terrible,

trouvait encore la force de lui sourire et semblait lui envoyer des baisers.

Le couple impérial monta les escaliers ne
laissant à personne le soin de les aider.

Tous ceux qui étaient présents à cette scène
furent émus de cet acte en lui-même si simple
et si naturel. LL. MM. avaient pour un instant mis de côté toute étiquette, oublié le
fardeau de la couronne pour ne penser qu'à
l'être si cher qu'une maladie cruelle menaçait
de leur ravir.

Une fois le prince couché, le service assuré
auprès de lui, l'Empereur et l'Impératrice re-
partirent en coupé pour Paris, refoulant dans
leurs cœurs toute leur inquiétude, tout leur
chagrin, pour ne penser qu'à leur devoir envers les monarques et les princes venus pour
admirer la nation française dans l'exposition
de ses œuvres industrielles et artistiques.

Plusieurs fois dans la journée ils revinrent
à tour de rôle voir le Prince Impérial et, le
lendemain matin, ils étaient tous deux à son
chevet.

Pendant quelques jours le Prince fut au plus

mal, mais peu à peu la fièvre céda, grâce à l'air pur et vivifiant qu'il respirait, au calme qui régnait dans le Palais ; il reprit le dessus et entra bientôt en convalescence.

Mais pendant quelque temps encore il fut affligé d'une claudication qui finit par disparaître tout à fait.

XIV

LE GÉNÉRAL FROSSARD
Gouverneur du Prince Impérial.

Ce fut en 1867 que M. Monnier, précepteur
du Prince Impérial, dut céder le pas au général
Frossard, nommé par l'Empereur aux fonctions de gouverneur.

Le général Frossard était, dans toute l'acception du mot, l'homme qu'il fallait pour l'éducation du Prince. Nul plus que lui ne méritait
cette distinction. Comme officier du génie,
il avait fait ses preuves et le système de
fortifications actuel est dû à ses travaux remarquables sur cette partie importante de la stra-
tégie moderne.

D'une grande rigidité de mœurs, grand,
maigre, le teint pâle, la barbe et les cheveux

blanes, il imposait par sa prestance toute militaire et par une froideur tempérée par une grande urbanité ; mais il ne fallait pas discuter ses ordres ou les négliger ; car alors il s'emportait facilement jusqu'à la violence ; ce qui était rare.

Lorsqu'il prit ses fonctions de gouverneur, il eut à soutenir une lutte acharnée avec M. Monnier, mis naturellement sous ses ordres par suite de cette nomination.

Cette lutte devint un moment tellement vive que, peu habitué aux intrigues de la cour, le général, lui l'homme franc et loyal par excellence, fut sur le point d'abandonner la partie.

M. Monnier ne lui pardonnait pas d'être le premier auprès du Prince Impérial.

Peut-être le prince, lui aussi, dans les premiers jours, regretta-t-il la douce, trop douce autorité de son précepteur, qui lui laissait entièrement carte blanche.

Un de ses premiers chagrins à cette époque, fut le départ de sa gouvernante anglaise, miss Shaw.

Depuis sa plus tendre enfance, il était habitué à son service ; c'était elle qui prenait soin de sa toilette, qui l'habillait, qui dirigeait l'intérieur de ses appartements. Jamais elle ne lui parlait français, toujours anglais ; en un mot, c'était le dévouement fait femme. Aussi, Leurs Majestés l'avaient en grande estime et lui laissaient liberté pleine et entière.

Un matin, dans les premiers jours du règne du nouveau gouverneur, le général Frossard attendait le Prince pour assister à sa leçon. L'heure était passée et Son Impérial élève n'arrivait pas.

Le général se rendit dans le cabinet de toilette du Prince qui était en train de s'habiller avec l'aide de miss Shaw. Or, en 1867, il avait onze ans.

— Que fait donc Votre Altesse, Monseigneur ? lui dit le général.

— Vous le voyez, mon général, je m'habille.

— C'est-à-dire qu'on vous habille, et Votre Altesse n'a pas honte, à son âge, de faire faire sa toilette par une femme et de ne pas s'habiller seule ?

Le Prince baissa la tête en rougissant et ne répondit rien.

— J'espère, Monseigneur, que ce sera la dernière fois que j'aurai pareil reproche à vous adresser. A dater de demain, Madame, continua le général en se tournant vers miss Shaw qui, la pauvre femme, était toute tremblante, vous voudrez bien cesser votre service auprès de Son Altesse ; Elle est assez grande maintenant pour s'habiller toute seule sans le secours de qui que ce soit.

Il n'est pas convenable qu'une femme assiste à sa toilette. »

Le général avait ordonné, il n'y avait qu'à obéir, à la grande douleur de miss Shaw, qui adorait le Prince, qu'elle n'avait pas quitté depuis nombre d'années.

Le Prince lui-même regretta vivement cette servante dévouée, qu'il affectionnait particulièrement.

La terreur que lui inspirait le général, qu'il ne connaissait pas encore, mais dont on lui avait fait un portrait des plus sombres, eut pour résultat de le rendre obéissant et soumis dès les premiers jours, malgré quelques velléités de révolte bien vite réprimées par un seul regard.

Le général Frossard n'ignorait pas tout ce qui s'était passé depuis le commencement du préceptorat de M. Monnier. Il comprit que, dès le début, il fallait se montrer inflexible pour les plus petites fautes afin de ramener le prince à des sentiments plus en harmonie avec la haute situation qu'il occupait; il fallait lui inculquer ce précepte toujours vrai que, pour commander, il faut apprendre à obéir et c'est ce que M. Monnier avait négligé.

De là cette crainte instinctive que le Prince avait de son gouverneur, crainte qui disparu peu à peu lorsqu'il connut plus à fond le caractère du général et qui fit place à une affection vraie et non factice comme celle qu'il professai pour son précepteur.

M. Monnier, comptant tirer parti de cette sévérité peut-être excessive, mais nécessaire. redoublait de soins pour son élève et ne négligeait aucune occasion d'être désagréable au général.

Un jour, le général devait sortir avec le Prince ; M. Monnier les accompagnait. Son Altesse monta la première en voiture et prit la place d'honneur à droite. L'étiquette voulait naturellement que son gouverneur se plaçât à sa gauche et son précepteur sur la banquette de devant ; M. Monnier avait son projet. A peine le Prince était-il assis, que M. Monnier, passant rapidement de l'autre côté de la voiture, ouvrit la portière et, s'élançant lestement, se plaça à côté de Son Altessse en regardant le général d'un air moqueur.

C'était un manque de tact, plus même, une grossièreté à l'égard du général.

Celui-ci, interdit, n'osa pas, devant les domestiques, donner une leçon à M. Monnier ; il préféra laisser partir le Prince seul avec son précepteur plutôt que de subir une humiliation devant son Impérial élève.

Au retour, il fit appeler M. Monnier et eut une explication très orageuse avec lui.

Il lui signifia qu'à l'avenir, toutes les fois que le Prince sortirait avec son gouverneur, lui, M. Monnier, resterait au château.

Ce sourd antagonisme dura quelque temps.

M. Monnier ne se gênait pas pour se plaindre du général à qui voulait l'entendre et, surtout, faisait ses confidences au Prince qui, comme tous les enfants, aimait d'autant plus son précepteur qu'il lui passait toutes ses fantaisies, tandis que le général... ah dam! le général n'était pas disposé à laisser passer inaperçue la moindre incartade.

Lorsque M. Monnier eut dressé toutes ses batteries, qu'il crut que le moment opportun était arrivé, il se rendit un matin aux Tuileries, auprès de l'Empereur.

Il fit valoir auprès de Sa Majesté tout ce qu'il y avait de pénible pour lui à être sous les ordres d'un gouverneur et surtout d'un général, lui qui n'avait jamais quitté le Prince, il insinua qu'il ne plaisait pas au général et que chaque jour amenait un fait nouveau qui lui faisait voir que tôt ou tard il serait obligé de se retirer; qu'il souffrait horriblement d'un pareil état de choses et qu'il venait apporter sa démission à l'Empereur pour rentrer dans la vie privée.

L'Empereur, qui était la bonté même, mais qui n'était pas au courant de ce qui se passait, le général Frossard n'ayant pas jugé de sa dignité de se plaindre, chercha à le dissuader de son projet.

Il l'engagea à rester, lui promettant d'en conférer avec le général et d'arranger un *modus vivendi* à la satisfaction de tous.

— Réfléchissez, Monsieur, et venez me revoir demain ; aujourd'hui je n'accepte pas votre démission. Si vous n'êtes plus le précepteur du Prince, vous n'en êtes pas moins son répétiteur et son professeur d'histoire.

De retour à Saint-Cloud, M. Monnier joua le deuxième acte de la petite comédie qu'il avait imaginée.

Il se rendit auprès du Prince qu'il savait seul en ce moment et, prenant une figure de circonstance, lui annonça en termes émus et mesurés qu'il allait le quitter pour toujours...

Le Prince devint pâle et se mit à pleurer.

— Non, non ! je ne veux pas que vous vous en alliez, je veux que vous restiez ! cria-t-il en sanglotant et en se jetant dans les bras de M. Monnier.

Attiré par les cris du Prince, le général Frossard se rendit en toute hâte dans la pièce où la scène se passait, craignant un accident ou toute autre chose, mais ne se doutant nullement du véritable motif.

A sa vue, le Prince entra dans une espèce de crise nerveuse, ne cessant de répéter : Je ne veux pas qu'il s'en aille! je ne le veux pas!...

M. Monnier, le visage couvert de larmes, cherchait à le consoler; le serrait dans ses bras, l'appelant : Monseigneur! mon enfant!... lui disant ; Il le faut, je ne puis rester ici!... il n'y a que l'Empereur...

— Je le demanderai à mon père et il ne me refusera pas ! restez...

Le Général avait tout compris du premier coup d'œil et ne fut pas dupe de cette comédie préparée de longue main.

Il traita sévèrement M. Monnier, en le prévenant qu'il allait immédiatement rendre compte à l'Empereur de ce qui venait de se passer, et que Sa Majesté prononcerait entre eux deux, puis il ajouta :

— En attendant, Monsieur, je commande ici, et je vous donne l'ordre de vous retirer.

L'Empereur, mis au fait de cette petite révolution de Palais par le Général Frossard, ne pouvait hésiter.

Le lendemain il acceptait la démission de M. Monnier, mais lui conservait son traitement annuel.

Dès lors, le Général Frossard, ayant les coudées franches, ne sentant plus une puissance faire échec à la sienne auprès du Prince, se livra à l'éducation de son cher élève et, modérant peu à peu sa sévérité des premiers instants, se montra sous un nouveau jour.

Ce n'était plus un maître, c'était un ami.

Du reste, la maison militaire du Prince venait d'être nommée, et les officiers qui la composaient avaient été choisis parmi les plus remarquables de l'armée.

Ils devaient concourir avec le général Frossard à former cette jeune intelligence née sous les plus heureux auspices, mais dont les

brillantes qualités n'avaient jamais eu de direction et étaient, pour ainsi dire, restées à
l'état latent.

Une nouvelle existence commença alors
pour l'héritier de la couronne, et le choix
heureux que fit l'Empereur de M. Filon, pour
remplacer M. Monnier, hâta ses progrès.

Avec de pareils éléments, le prince Impérial
ne pouvait manquer d'être un jour à la hauteur de ce qu'on pouvait attendre de lui.

XV

TÉMÉRITÉS DU PRINCE IMPÉRIAL

Lorsque l'Empereur était venu visiter les appartements du deuxième étage au Palais de Saint-Cloud pour y installer le Prince Impérial en 1867, il avait fait remarquer que la balustrade du balcon situé au-dessous de l'horloge était formée de barreaux assez espacés les uns des autres.

Connaissant le caractère téméraire du Prince, il avait ordonné de faire établir un léger grillage tout autour.

Le grillage était une sage précaution, mais le Prince s'en embarassait peu.

Quelque temps après sa maladie, Son Altesse

était dans ses appartements, jouant avec ses camarades habituels.

Il faisait chaud et toutes les fenêtres étaient ouvertes ; c'était l'heure de la récréation, M. Monnier était assis dans le salon bleu, salon d'étude du Prince attenant à la chambre à coucher ; il lisait, laissant le Prince complètement livré à lui-même.

Aussi, Monseigneur s'en donnait-il avec ses amis !

Tous les jeux à leur disposition avaient été épuisés ; que pouvait-on bien faire ?

Le Prince eut alors une idée lumineuse, ou du moins il la crut telle, et l'idée aussitôt éclose, il la mit à exécution.

Enjambant la barre d'appui de la fenêtre de la chambre à coucher, il se laissa glisser sur la frise des grands appartements de réception, frise de cinquante centimètres de largeur, mais à plus de quinze mètres du sol, puis, tournant la figure du côté de la muraille, les mains appuyées, il marcha de côté pour gagner le balcon qui se trouvait à quelques mètres sur sa droite ; arrivé là, il saisit la balustrade et, sautant par-dessus, il rentra dans l'appartement par le salon bleu où se trouvait son précepteur.

Inutile de dire que ses camarades le suivirent de très près dans cette promenade périlleuse qui ressemblait à une poursuite, car, à peine rentré, on courait vite à la chambre à coucher pour recommencer l'expédition.

Oh! c'était bien amusant!

Du reste, cette course au clocher, à quinze mètres en l'air, était accompagnée de cris qui n'avaient pas le don de détourner M. Monnier de sa lecture; il paraît que son livre était bien attrayant.

Entendant ces cris, le sous-régisseur du Palais, ignorant ce qui se passait, courut dans la cour d'honneur et assista avec stupeur à ce spectacle inattendu, bien fait pour inspirer de l'effroi.

Un faux pas, un éblouissement et le Prince tombait de cette frise sur les dalles du péristyle de la cour.

Il se garda bien de détourner l'attention des promeneurs et, montant le plus vite possible

par le petit escalier, il se rendit auprès de
M. Monnier qui, levant pour la première fois
peut-être les yeux de dessus son livre, remarqua la figure bouleversée du fonctionnaire.

— Qu'y-a-t-il donc? dit-il d'un ton très
calme.

— Comment? ce qu'il y a, monsieur Monnier? Vous ne voyez donc pas ce que fait le
Prince!...

— Le Prince? mais il joue avec ses camarades.

— Il joue avec ses camarades, oui, mais,
mon Dieu, à quel jeu!... regardez, tenez!...

Et à ce moment Son Altesse rentrait en
courant du balcon dans le salon bleu, le visage animé par cette course folle et vertigineuse.

Apercevant le sous-régisseur, Son Altesse
s'arrêta pour lui dire bonjour et celui-ci
en profita pour lui montrer le danger terrible auquel Elle s'exposait, avec ses camarades.

Quant à M. Monnier, toujours impassible,
il dit au sous-régisseur :

— Oh! Son Altesse est très forte en gymnastique! mais, c'est égal, Monseigneur, il ne faut plus jouer à ce jeu-là ; trouvez autre chose!

Et il reprit sa lecture sans s'émouvoir davantage.

XVI

LES BILLES DU PRINCE

Lorsqu'il pleuvait, force était au Prince de rester dans ses appartements, et on a vu, par l'anecdote précédente, qu'il cherchait des jeux nouveaux pour charmer ses loisirs pendant les récréations : la promenade sur les frises du premier étage était un jeu usé, d'ailleurs dangereux et défendu, il fallait trouver autre chose. Appuyé sur la balustrade du balcon, la tête couchée sur ses deux bras, le Prince regardait sans voir dans la cour d'honneur, cherchant ce qu'il pourrait bien faire avec ses camarades pour tuer le temps, avant de reprendre ses études. Tout à coup, ses yeux errant à droite et à gauche, se fixèrent sur la marquise placée immédiatement au-dessous de ses appartements et protégeant l'entrée du vestibule d'honneur. Cette marquise, toute vitrée, avait été placée l'année précédente. Le Prince remarqua qu'un des verres à vitre était cassé dans un angle.

Il se redressa, fouilla vivement dans sa poche et en tira une bille. Viser le petit intervalle vide de verre et la faire passer par ce trou sans toucher le restant de la vitre, était une occupation comme une autre, un jeu tout nouveau et, qui plus est, un jeu d'adresse. Appelant vite ses amis, il leur fit part de sa découverte et se mit en mesure d'ouvrir le feu.

Calculant la perpendiculaire, il se plaça au-dessus de cette échancrure, visa un moment et laissa tomber son projectile ; mais au lieu de passer par le petit trou, la bille rencontra la vitre et celle-ci se brisa en mille pièces. Le coup était manqué ; une seconde bille suivit la première et, ses camarades se mettant de la partie, un deuxième carreau y passa, au milieu des éclats de rire et des trépignements de joie des tireurs.

Attiré par ces cris et ce bruit de verre cassé,

le régisseur vint mettre le holà à ce jeu destructeur, sans quoi tout le vitrage de la marquise aurait subi le même sort.

Le lendemain, lorsque le général Rolin fut informé par la voie du rapport du bris de ces deux carreaux, il pensa qu'ils ne s'étaient pas cassés tout seuls. Il y avait donc une cause. Quelle était-elle ? Le régisseur fut bien obligé de dévoiler la vérité. Le général se rendit chez le Prince, l'admonesta d'importance et le prévint que la première fois qu'il lui arriverait de briser quelque chose, il ferait remplacer l'objet à ses frais et en rendrait compte à l'Empereur. Ce n'était pas de S. M. que le prince avait peur, mais bien du général Rolin qui, malgré son langage respectueux, connaissait le moyen d'en imposer au Prince. Il fut donc réduit à chercher un nouvel amusement, qui ne lui amènerait pas une nouvelle visite du général.

XVII

LE PRINCE IMPÉRIAL ET Mlle TAUTAIN
De la Comédie Française.

Au mois de Juillet 1869, une grande fête
fut donnée au Palais de Saint-Cloud en l'honneur du Khédive qui était venu à Paris pour
inviter l'Impératrice à visiter l'Egypte, lors
du voyage qu'elle devait faire à Constanti-
nople.

Cette fête fut splendide : pour la première
fois, et la dernière hélas ! les jardins furent
éclairés à la lumière électrique au moyen de
deux projecteurs (système Serrin, le nec plus
ultra à cette époque) placés dans les appartements supérieurs.

Un feu d'artifice fut tiré au bassin des 24 jets
et, à cette occasion, l'Empereur donna l'ordre

que le public fut admis dans le parc réservé pour jouir du coup d'œil.

Aussi, plusieurs milliers de curieux profitèrent de cette permission et, bientôt l'affluence des visiteurs fut tellement considérable aux abords du Salon de Mars, qu'on fut obligé de requérir la troupe pour dégager l'allée de la Carrière, sans quoi la foule eut forcé les fenêtres qui était de plein pied, et envahit le palais.

Après le diner de gala il y eut une représentation théâtrale dans le salon de Mars par des acteurs de la Comédie Française. On donnait *La Cravate Blanche* de Gondinet qui était parmi les invités.

Lorsqu'on jouait une pièce, la scène était formée par des paravents et la cheminée monumentale surmontée d'un tableau en tapisserie des gobelins représentant Bonaparte d'après Gros, servait de fond. LL. MM., le prince Impérial et le personnage pour lequel on donnait la pièce prenaient place sur le meuble garni de girandoles placé au centre du salon.

La pièce n'était pas encore commencée, et

Mlle Tautain était dans la coulisse où je me trouvais, lorsque le Prince Impérial, tout en velours noir avec son grand cordon de la légion d'honneur, entra à petit pas et d'un air timide. Mlle Tautain crut devoir lui faire une grande révérence, mais le Prince, absorbé dans la contemplation de cette actrice dans tout l'éclat de son costume, resta planté devant elle, la dévorant pour ainsi dire des yeux.

Cette scène dura bien deux minutes et la personne la plus intimidée de cette visite n'était pas le prince. Il rompit le charme en se retirant et en saluant gracieusement.

Mon Dieu qu'il m'a embarrassée en me regardant ainsi, me dit Mlle Tautain, mais qu'il est gentil, j'avais envie de l'embrasser.

Il fallait le faire, Madame, le Prince n'aurait pas demandé mieux... hélas, pauvre enfant ! les femmes ne lui ont pas porté bonheur ; quelle mystérieuse histoire que celle de ses amours !

Aussitôt la représentation terminée, les invités se rendirent dans les jardins pour assister au feu d'artifice.

En attendant l'heure, chacun se promena dans les allées dont les unes étaient vivement éclairées par la lumière électrique et les autres plongées dans une obscurité profonde.

En juillet 1869, les élections Législatives étaient sur le point de se faire ; aussi nombre de députés influents avaient été invités à cette réception ; l'Impératrice se multipliait auprès d'eux.

A un moment, elle entreprit M. Guyot Montpeyroux et l'entraîna, tout en causant, un peu à l'écart ; mais tout le monde pouvait se rendre compte de l'animation de leur entretien, car les projections électriques ne quittaient pas S. M. dont les diamants étincelaient de mille feux.

Le feu d'artifice fut magnifique..... pour le public, car le vent rabattant la fumée du côté du palais ne permit à personne des invités de voir quoique ce fut si ce n'est l'épanouissement des fusées.

Cette fête fut la dernière donnée à Saint-Cloud : un an presque jour pour jour la guerre avec l'Allemagne était déclarée.

XVIII

L'IMPÉRATRICE DU MEXIQUE
(1866)

Voici quelques anecdotes sur des faits qui se sont passés à Saint-Cloud à l'époque de l'expédition néfaste du Mexique, et de la catastrophe qui l'a terminée.

Bazaine, dont le nom est inséparable de la sombre tragédie de Queretaro est mort, mais il est une personne encore vivante qui souffre toujours, traîne une existence misérable dans un des châteaux du roi des Belges et a laissé sa raison et son cœur dans la fosse où repose son impérial époux !

C'est l'Impératrice Charlotte.

Ah ! Si la malheureuse souveraine recouvrait un instant son intelligence !

Que ne lui est-il possible de raconter ses douleurs, ses craintes, les trahisons qu'elle et Maximilien voyaient se tramer autour d'eux ? Que ne peut-elle dire aussi cette prescience qu'elle avait des événements et, son dévouement, ses luttes avec les puissants du jour afin de sauver son époux ? A chaque tentative cette réponse terrible *non possumus* résonnait à ses oreilles comme un glas funèbre.

Que de responsabilités seraient à découvert. Que de mystères seraient dévoilés !!...

En 1866, l'Impératrice Charlotte vint en France exposer à Napoléon III la situation précaire dans laquelle se trouvait l'Empereur Maximilien.

Trahi de tous côtés, cet infortuné monarque jouait son dernier coup de dés en essayant d'intéresser l'Empereur des Français à son triste sort.

Napoléon III, pensait l'Impératrice Charlotte, ne pouvait rester impassible devant l'effondrement de ce vaste empire dont Maximilien, sur ses instances pressantes, avait accepté la couronne.

La cour se trouvait à Saint-Cloud et c'est là que l'Impératrice du Mexique eut un entretien secret avec l'Empereur des Français (11 août 1866).

Lorsqu'elle arriva, des ordres spéciaux avaient été donnés pour que les honneurs lui fussent rendus par le piquet de la garde impériale de service au Palais.

Elle était en voiture découverte et salua gracieusement en passant devant le drapeau.

Sa voiture s'arrêta devant le vestibule donnant accès dans les appartements privés de l'Empereur (aile droite du château).

L'Empereur était descendu au-devant d'elle et la conduisit dans son cabinet de travail.

Que se passa-t-il? Que se dirent-ils? Nul ne le sait que cette malheureuse souveraine... et cette entrevue est-elle peut-être quelquefois présente à sa mémoire, dans les rares instants d'accalmie que lui laisse l'état mental dans lequel elle se trouve.

Peut-être aussi ce souvenir lui revenant

tout à coup, précipite-t-il le retour de cette folie furieuse qui en fait une martyre !

Quels crimes des autres cette pauvre femme expie-t-elle, grand Dieu, pour que son heure ne soit pas encore venue de rejoindre l'époux qui était tout pour elle ?...

Ce conciliabule dura plus d'une heure et l'Impératrice redescendit les escaliers, accompagnée cette fois par le général aide de camp de service.

Sa figure était convulsée, elle marchait droit devant elle, sans regarder, sans voir, les yeux rougis par les larmes et lorsque l'aide de camp respectueux voulut lui donner la main pour l'aider à monter en voiture, d'un geste souverainement méprisant, elle repoussa cette main qui se tendait vers elle et, s'élançant dans son landau, elle se laissa tomber anéantie sur les coussins.

En passant devant le poste qui lui présentait les armes, elle releva la tête et, le visage empourpré par le désespoir, elle le regarda fièrement, affectant de ne pas saluer le drapeau français qui s'inclinait devant elle...

Les témoins de cette scène navrante comprirent que ses supplications avaient été vaines et que le malheur l'avait touché de son aile...

Quelles raisons puissantes l'Empereur lui avait-il données pour lui refuser son concours?

Quelle politique atroce défendait à Napoléon de sauver Maximilien et lui ordonnait d'en faire en quelque sorte une victime propitiatoire?

Pourquoi est-il resté muet et insensible devant cette douleur de femme et d'épouse qui, peut-être, était venue lui dire:

Sire! sans vous, Max et moi nous serions heureux sans couronne impériale; nous avons cédé à vos instances...

Aujourd'hui, il faut sauver Max de lui-même et vous seul le pouvez, il en est temps encore; donnez des ordres, car Max ne faillira pas à son devoir d'Empereur, à cette couronne qu'il tient de vous! il mourra plutôt que de fuir devant l'orage qui s'amoncelle sur lui.

Max est mort fusillé et Napoléon s'est rendu à Sedan...

Bazaine avait un beau rôle à remplir.

S'il avait commis des fautes, il pouvait les

racheter en enlevant de force Maximilien, en le ramenant en France, et là, après avoir accompli son devoir, le laisser libre de retourner à Mexico.

Hypothèse insensée, diront les grands politiques !

O raison d'Etat ! quels crimes l'on commet en ton nom...

Un jour, (octobre 1866,) le général Rolin, adjudant général du Palais, était dans le cabinet de travail de l'Empereur à Saint-Cloud, pour le rapport journalier où il rendait compte de ce qui s'était passé pendant les vingt-quatre heures.

L'Empereur, assis dans son fauteuil, était distrait et paraissait ne prêter que peu d'attention à ce que lui disait le général.

Celui-ci s'en aperçut et lui dit :

— L'Empereur paraît soucieux et préoccupé aujourd'hui ?

— Oui, Rolin, je suis très ennuyé ; il se passe des choses que j'ignore au Mexique. Je n'ai personne pour me renseigner ; les journaux disent ceci, on me répond cela, et je ne sais à qui me fier.

— Mais, Sire, envoyez quelqu'un là-bas avec des pouvoirs étendus.

— J'y ai bien songé, mais qui envoyer?

— Votre Majesté a assez de personnes dévouées autour d'elle pour n'avoir que l'embarras du choix.

L'Empereur sourit en regardant le général comme s'il eût douté de son entourage, car il connaissait bien les hommes et savait à quoi s'en tenir sur le dévouement.

— Castelnau, par exemple, reprit le général.

A ce nom, la figure de Napoléon changea d'expression, Castelnau n'était pas un indifférent pour lui.

— Mais Castelnau n'est pas ici, il est à Dax; j'avais bien pensé à lui déjà, mais voudra-t-il?

— Que l'Empereur s'en rapporte à moi, je suis sûr de Castelnau; dès qu'il saura que Votre Majesté a besoin de lui, il arrivera de suite. Si l'Empereur le veut, je puis lui envoyer une dépêche?

— Eh bien, faites, Rolin.

La dépêche partit, et quelques heures après le général Castelnau télégraphiait de Dax qu'il prenait le premier train en partance et qu'il serait le lendemain à Saint-Cloud à la disposition de l'Empereur.

Le général Castelnau partit donc pour le Mexique ; la mission était difficile, pleine de périls, mais il l'accomplit consciencieusement et revint en France édifier l'Empereur sur la véritable situation.

Pendant qu'il était au Mexique, le général Castelnau n'avait son courrier de France que de seconde main : le maréchal Bazaine le recevait d'abord ; pour éviter cela, il fut obligé de l'envoyer chercher à la Vera-Cruz, sous escorte et par des hommes dont il était sûr.

Ce fut à la suite de cette mission que l'Empereur donna l'ordre au maréchal Bazaine de rentrer en France avec l'armée.

Tous les jeudis il était de fondation que le général Castelnau déjeunât chez son ami intime, le général Rolin.

Or, un jeudi, quelque temps après la rentrée de Bazaine, le général Castelnau entra chez l'adjudant général et, accrochant son chapeau et son pardessus dans l'antichambre, il demanda à l'huissier Desgrès si le général Rolin était seul dans son cabinet.

— Non, mon général, le maréchal Bazaine est avec lui.

Castelnau fit un mouvement de contrariété.

— Est-ce qu'il déjeune ici?

— Je crois que oui, on a commandé un couvert en plus.

Sur cette réponse, le général Castelnau reprit son chapeau, endossa son pardessus et se préparait à sortir, lorsque le général Rolin ouvrit la porte de son cabinet.

— Eh bien, Castelnau, vous vous en allez ? et déjeuner ?

— Oui, je m'en vais ; Bazaine déjeune chez vous, et vous savez bien que je ne veux pas me trouver en face de cet homme.

Et sans attendre de réponse, il prit la porte et disparut, au grand ébahissement du général Rolin.

XIX

PÉTITION D'UN MAIRE

Dans les archives des bureaux du grand maréchal du palais, se trouvait une pétition d'un maire de province demandant à l'Empereur un panier de vin de champagne.

Cette pétition, très bien écrite, ne manquait pas d'originalité et fut une de celles que l'on mit sous les yeux de l'Empereur (car toutes n'avaient pas cet honneur).

Les lettres ou pétitions qui lui étaient adressées, étaient reçues dans les bureaux du grand maréchal du palais et de là remisées à chaque service qu'elles intéressaient. Mais beaucoup ne paraissaient pas au secrétariat particulier de l'empereur, en raison du peu ou, quelquefois, de la trop grande importance qu'elles avaient, comme on le verra par la suite.

S. M. rit beaucoup en la lisant et écrivit en marge : *Envoyer un panier.*

La voici :

Sire,

Je suis un de vos vieux serviteurs. Voilà quarante ans que j'exerce les fonctions de maire. Je suis vieux et les médecins, pour rétablir ma santé délabrée, m'ont ordonné le vin de Champagne.

L'autre jour, assis au coin de mon feu, je pensais au traitement qui m'était ordonné et je me disais : Qui a de bon vin de Champagne si ce n'est l'Empereur.

Et aussitôt je me suis posé cette question ! Si tu étais l'Empereur, que ferais-tu ?

J'enverrais de suite un panier de mon bon vin de Champagne, si j'en juge par le plaisir que j'aurais à lui sacrifier ma vie.

N'ayant jamais rien demandé depuis 40 ans que je suis maire, je n'ai par conséquent jamais rien obtenu.

Je viens donc, Sire, vous demander hardiment un panier de votre bon champagne, quitte à renouveler les agapes de Satory, n'en déplaise à M. Havin du Siècle qui pourrait crier à la corruption des maires par le champagne comme à celle de l'armée... mais chut! il n'en saura rien.

Si vous me refusez, Sire, je n'en resterai pas moins votre fidèle serviteur, mais je me dirai tout bas : « Quarante ans de bons et loyaux services, et surtout gratuits, méritaient pourtant bien un panier de vin de champagne.

Je suis, etc. Signé : Demande.

XX

CHANU

Chanu était un vieux serviteur du temps de Louis-Philippe et qui était resté au palais de Saint-Cloud. Agé de plus de 60 ans, et incapable de faire un service actif, il avait été attaché à la bibliothèque du palais pour lui donner des soins de propreté. Là s'arrêtaient ses talents. Cependant, comme il connaissait la place de chaque ouvrage, à force d'en battre la poussière avec son plumeau, c'était lui qui était chargé de donner les livres qu'on demandait.

C'était un brave et honnête homme, ayant un culte pour M. Jules Sandeau, bibliothécaire du palais de Saint-Cloud, marchant de ce

petit pas particulier aux vieillards, empressé
auprès de tous, un peu bavard, ayant la prétention de tout connaître et clignant de l'œil
en souriant lorsqu'on lui parlait de telle ou
telle chose.

Un jour, l'Empereur étant à Saint-Cloud vint
à la bibliothèque et, avisant Chanu, l'appela :
« Chanu, lui dit-il, donnez-moi donc la carte
de Suisse par cantons. » Chanu cherche un instant, puis relevant la tête avec assurance :
« Sire, nous ne l'avons pas. — Comment,
parmi toutes les cartes qui sont ici, il n'y en a
pas une de la Suisse par cantons ? — Non,
Sire — Eh bien, qu'on aille à Paris m'en
chercher une. » Chanu se rendit à Paris en
toute hâte chez M. Jules Sandeau. — « Monsieur, lui dit-il tout effaré, l'Empereur demande une carte de la Suisse. — Il n'y en a
donc pas à Saint-Cloud ? — Que Monsieur me
pardonne, il y en a, mais elles ne sont pas de
M. Canton. » M. Jules Sandeau regarda ce
pauvre Chanu, croyant avoir mal entendu. —
« Comment, Chanu, comment, par M. Canton ?
— Oui, Monsieur, S. M. m'a dit par Canton.

Que l'Empereur ou Monsieur se permettent d'appeler un auteur par son nom tout court, cela n'a rien que de très naturel, mais je connais trop mon devoir et les règles de la politesse pour agir de même. » Jules Sandeau n'eut qu'une ressource, Chanu ne voulant pas en démordre, ce fut de partir pour Saint-Cloud expliquer à l'Empereur le quiproquo.

S. M. en rit beaucoup et daigna montrer à Chanu que la bibliothèque possédait une carte de Suisse par cantons, mais Chanu resta toujours persuadé que le mot « Monsieur. » avait été oublié sur la carte.

Une autre fois, un personnage lui demanda si la bibliothèque possédait des partitions de musique. — « Il y a de tout, Monsieur, ici, répondit Chanu en ouvrant une armoire. Nous avons d'abord la messe, par M. Cherubini, nous avons ensuite.... — Avez-vous des opéras? — Oui, Monsieur, et de grands, je vous assure, Monsieur. — Lesquels? — Je ne me rappelle pas, mais je sais où ils sont, là, dans cette vitrine. » Et, souriant complaisamment de son érudition musicale, il tira un énorme

in-folio. « Qu'est-ce que cela, mon Dieu? —
Cela, Monsieur? ce sont les opéras d'Ovide. »
Le personnage fit un soubresaut. — « Comment, d'Ovide? — Oui, monsieur. » Et ouvrant
triomphalement le volume, il désigna du doigt
l'en-tête de l'ouvrage : *Opera Ovidii !*

XXI

LA MESSE AU CAMP DE BOULOGNE SUR MER (1854)

Au mois de juillet 1854, à l'époque où commença la guerre de Crimée, le camp de Boulogne-sur-Mer fut créé et s'étendait depuis Equihen, sur la rive gauche de la Liane, à Capécure, jusqu'à Ambleteuse sur la rive droite, formant ainsi le campement de quatre divisions de l'armée du Nord, Equihen, Honvault, Vimereux et Ambleteuse.

L'Empereur venait très souvent visiter le camp et les travaux qui s'y faisaient ; la belle saison permettait l'établissement des tentes, mais il fallait prévoir le cas où l'on serait obligé de passer l'hiver (on en passa même deux) et les soldats construisirent eux-mêmes leurs baraquements en torchis, avec toiture en chaume, pour se mettre à l'abri des intempéries de la mauvaise saison qui devait être rude sur ces falaises élevées et exposées à tous les vents.

Le dimanche, un immense velum, supporté par deux lances de sept ou huit mètres, était installé à l'extrémité de la falaise où l'aumônier de l'armée disait la messe en présence des troupes en grande tenue, disposées en carré. L'Empereur et son brillant état-major y assistaient généralement et se plaçaient au centre du carré.

Rien n'était plus imposant que cette messe dite en plein air.

Au moment de l'élévation, le canon tonnait, les tambours battaient, les clairons sonnaient aux champs et, genou terre, dix mille hommes s'inclinaient respectueusement devant la majesté de Dieu qu'ils semblaient apercevoir dans le tableau grandiose et unique au monde qui se déroulait devant eux.

L'autel avait pour fond l'immensité de la mer ruisselante de lumière sous les rayons du soleil; les flots paisibles étaient sillonnés de voiles qui disparaissaient comme des mouettes blanches dans les lignes azurées de l'horizon ; quelquefois le paquebot de Folkestone s'approchait en déroulant son long panache de fumée, et la brise du matin nous apportait des hurrahs de nos amis les Anglais qui, têtes découvertes, nous envoyaient ainsi le salut de nos alliés.

Après la messe, l'Empereur, entouré de son état-major, parcourait au pas le front de bandière où les soldats se pressaient en foule et le saluaient de cris mille fois répétés de : Vive l'Empereur !

Que ceux qui sont de ce temps-là se souviennent et ils sentiront leurs cœurs frémir encore d'une douce émotion et d'une tristesse invincible en comparant hier et aujourd'hui...

On croyait encore à cette époque !!

XXII

LE COUP DU CADEAU IMPÉRIAL

Pendant le séjour de l'Empereur à Saint-Cloud, tous les chefs de service allaient à neuf heures au rapport chez l'adjudant général du Palais.

Un brave officier, fort estimé du général Rolin, avait l'habitude en allant au rapport de s'arrêter quelques instants pour causer au bureau de la Régie et, presque chaque fois, il s'en allait en disant : Je vais chez le général et je vais tâcher de faire le coup de l'ananas.

Or voici en quoi consistait ce coup : c'était d'obliger adroitement le général à faire cadeau d'un des ananas apportés pour la table de l'Empereur, à celle des officiers de service.

C'était bien innocent, comme on le voit, et cela réussissait toujours, car lorsqu'il était très occupé, le général disait à l'officier : « Rien de nouveau, n'est-ce pas ? Hé bien ! prenez un ananas ; je lis dans vos yeux que vous allez m'en demander un, et laissez-moi tranquille. »

Dans une sphère plus élevée on ne visait pas à l'ananas, c'eût été trop peu de chose et les prétentions étaient plus positives.

Un jour, l'Empereur se rendit avec quelques personnages de sa suite à la manufacture de Sèvres.

Beaucoup de personnes croient encore que les cadeaux de porcelaines de Sèvres faits par l'Empereur étaient une charge pour le Trésor et que ces libéralités ne coûtaient rien au Souverain.

Erreur complète.

L'entretien du personnel de la manufacture, la fabrication, etc., tout était payé par la liste civile. Il est vrai qu'aujourd'hui il n'en est plus de même, puisque le peuple est souverain et que les cadeaux sont faits en son nom par le Président de la République ou ses ministres, non pas de leurs propres deniers (oh! non, grand Dieu), mais de l'argent des contribuables.

Donc, l'Empereur était en visite à la manufacture de Sèvres, vers les derniers temps où elle était encore dans les vieux bâtiments qui l'avaient vu naître.

Il fut reçu par le haut personnel de la manufacture et examina les produits magnifiques qui étaient exposés dans la salle de vente, s'arrêtant devant certains objets d'art, les admirant et en demandant le prix.

Un de ces Messieurs était resté en arrière et, causant avec un des employés, s'extasiait sur la beauté d'un service à thé pour deux personnes, dans le genre persan, l'extérieur de l'aiguière et des tasses travaillé à jour.

L'Empereur à un moment donné l'appela.

— Tenez, X..., comment trouvez-vous ce vase ?

— Très joli, Sire, magnifique, rien de plus beau...

Et retournant au service à thé, il continuait à l'admirer, prenant chaque tasse, la tournant et la retournant.

Nouvel appel de l'Empereur. Cette fois M. X...
ne répondit pas, absorbé qu'il était dans sa contemplation.

— Eh bien ! dit l'Empereur, où est X ?

— Il est là-bas, Sire, tombé en arrêt devant
un service qui parait l'intéresser vivement.

On fut obligé d'aller le chercher.

— Que regardiez-vous donc de si beau ?

— Ah ! Sire, le plus ravissant tête-à-tête
qu'il soit possible de voir. Que Votre Majesté
daigne venir le regarder ; jamais je n'ai rien
vu de si coquet, de si finement fouillé, de si...

— Là ! là ! calmez votre enthousiasme et
allons voir cette merveille.

Et l'Empereur se dirigea, conduit avec empressement par le général, vers le service à thé.

— En effet, c'est très artistique, dit l'Empereur.

— Combien cela peut-il valoir ? demanda
M. X... à l'employé.

— Cinq mille francs.

— Hélas ! c'est trop cher pour moi, sans
quoi je l'aurais acheté... Mais que c'est donc
beau ! Voyez, Sire, cette aiguière...

L'empereur sourit, tordit sa moustache d'un mouvement habituel et machinal et continua sa visite. X... était encore une fois resté en arrière.

— Eh bien ! X..., vous ne venez pas ?

— Pardon, Sire, me voilà, dit il avec un ton de résignation comique.

En sortant de la manufacture, l'Empereur donna des ordres pour que certains vases qu'il avait choisis fussent portés au Palais de Saint-Cloud, puis il ajouta : Vous enverrez le service à thé chez le général, sans quoi il serait capable d'en faire une maladie.

— Ah ! Sire, Votre Majesté me comble !!

L'Empereur ne répondit rien, mais depuis longtemps il connaissait le coup du cadeau impérial et s'y laissait toujours prendre, volontairement.

XXIII

HISTOIRE D'UN CONSPIRATEUR

Lorsque le prince Napoléon fut proclamé Empereur, il fut assailli de demandes faites par des individus sollicitant la récompense des services qu'ils prétendaient avoir rendus en faisant de la propagande pour l'Empire.

L'un d'eux sollicita une place de chambellan à la Cour (il ne doutait de rien).

On lui offrit une place d'huissier dans les appartements de l'Empereur, et lui, pas fier, accepta faute de mieux.

L... était son nom.

On était à l'époque de la formation des Cent-gardes et l'Empereur désirait pour eux une arme moins embarrassante que le fusil et pourtant plus appropriée à la taille de ces hommes que le mousqueton.

Un ami de cet huissier avait trouvé un système mixte qui lui paraissait appelé à un grand succès.

Il conservait le mousqueton facile à porter à cheval et y ajoutait pour la garde des appartements de LL. MM. une espèce de lance divisée en plusieurs parties et se plaçant dans le canon.

Il en parla à L...

Toi qui vois l'Empereur tous les jours, est-ce que tu ne pourrais pas lui parler un peu de mon invention ?

L... réfléchit et dit à son ami:

— Il vaut mieux que tu voies l'Empereur et que tu lui présentes toi-même ton arme.

— Mais comment arriver jusqu'à lui ?

— Je m'en charge, répondit L... en se rengorgeant, trouve-toi tel jour, à telle heure, au guichet de l'Echelle, au moment où je prends mon service, tu auras soin de dissimuler ta lance dévissée sous ton paletot et nous entrerons tous les deux.

— Mais le portier ne me laissera pas passer?

— Ne crains rien, tu seras avec moi !

Ce qui fut dit fut fait, et nos deux compères entrèrent ensemble aux Tuileries.

Arrivés dans la pièce où L.... était de service, l'inventeur remonta sa lance et attendit le moment propice pour la présenter à l'empereur.

— Tu vois, lui dit L...., l'Empereur va sortir tout à l'heure par cette porte, il te verra, me demandera ce que tu fais là, et je lui expliquerai toute l'affaire. Sois tranquille et fie-toi à moi.

Tout à coup un bruit de voix se fait entendre, quelqu'un approche... mais ce n'est pas l'Empereur !

Cette voix, L.... la reconnaît, c'est celle du général Rolin !

Dieu sait la scène qui va se passer, car il n'est pas tendre, le général, surtout dans le service !

L... frémit de tout son être, il pâlit et poussant son camarade qui ne comprend rien à son effroi, le dissimule derrière le rideau de la fenêtre.

Il était temps !

La porte s'ouvre et le général Rolin paraît, causant avec plusieurs personnes et se rendant chez l'Empereur.

L.... se tient debout pendant que le général, sans faire attention à lui, s'arrête au milieu de la pièce et continue sa conversation.

— Mais qu'est-ce qu'ils font là ! se disait-il, ne seraient-ils pas mieux autre part pour causer ? Et cet imbécile qui est là derrière le rideau avec sa lance !

Il jeta un coup d'œil à la dérobée vers la croisée et faillit tomber à la renverse :

— Allons ! bon ! tout va se découvrir ! cet animal-là n'a pu cacher ses pieds :

En effet, deux énormes souliers pointaient dépassant les rideaux.

Et le général causait toujours sans se douter des transes mortelles qui envahissaient ce malheureux L... !

Enfin, Dieu soit béni ! Le général se met en marche, mais bien lentement au gré de L...,.il arrive à la porte... met la main sur le bouton... il va sortir...

L..... le suit d'un œil anxieux, il est prêt à se livrer à une joie folle s'il disparait...

Hélas ! le général se retourne et aperçoit ces gros souliers qui dépassent !...

L... se cramponne à son bureau pour ne pas tomber. Tout est découvert.

— Qui donc est là, caché derrière ce rideau ?

— Personne, mon général !

— Comment, personne ? et se dirigeant vers la fenêtre le général découvre un homme droit comme un piquet, roulant des yeux hagards et tenant une lance au port d'arme !!...

— Quel est cet homme ? Comment est-il ici ? Pourquoi est-il armé d'une lance ? Répondez, mais répondez donc ?

Toutes ces questions posées d'un ton tonitruant se succèdent avec rapidité.

L.... balbutie, l'infortuné lancier, toujours immobile, essaie de sourire et n'arrive qu'à esquisser une affreuse grimace.

Pendant ce temps on est allé chercher la police qui accourt, flairant déjà un complot, un attentat contre les jours du souverain.

Le malheureux conspirateur extrait de sa

cachette est interrogé sur sa présence dans cette pièce, sur le moyen qu'il a employé pour pénétrer si près de l'Empereur... A toutes les questions il répond invariablement : c'est L... On ne peut en tirer autre chose.

En voyant cette bonne figure effarouchée, le général fut bien obligé de reconnaitre que ce malheureux n'était pas venu aux Tuileries dans de mauvaises intentions ; mais se retournant vers L... : c'est vous qui avez introduit cet homme ici ? Dites la vérité ou prenez garde à vous. Le pauvre L... raconta alors en tremblant l'histoire de son ami et de sa lance et, bien que son récit eût désopilé l'Anglais le plus spleen itique, le général ne rit pas, lui : mais il fit reconduire l'inventeur du fusil-lance à la porte des Tuileries et, quant à L... craignant qu'il ne lui prit encore fantaisie d'offrir sa protection pour obtenir une audience de l'Empereur, il l'envoya comme frotteur dans un palais en province.

C'est égal, demander une place de chambellan et en fin de compte, en accepter une de frotteur ! c'est raide.

XXIV

LES RESTES DES DOMESTIQUES

Les domaines de la couronne, si vastes et si bien cultivés, ne fournissaient pas les fruits qui paraissaient sur la table de l'Empereur. Cependant, il faut en excepter le potager de Versailles qui, tous les jours, envoyait son contingent au palais où se trouvaient LL. MM.

Et pourtant Dieu sait la quantité de toutes espèces qui étaient, soit en espalier, soit en plein vent à Saint-Cloud.

Mais, voilà ! Malgré leur grosseur peu commune, malgré leur couleur vermeille et appétissante, ils n'étaient pas jugés dignes de figurer au dessert de l'Empereur.

Ils n'en étaient pas perdus pour cela, les chefs

de culture savaient parfaitement les utiliser à leur profit exclusif.

Exclusif est le mot, car lorsque la saison était favorable et que les fruits étaient trop abondants, on les laissait pourrir dans les greniers plutôt que de les distribuer aux employés subalternes et on les jetait par paniers au tas d'ordures.

Histoire de sauver le principe.

Et dans les serres du jardin du Trocadéro ! Mon Dieu ! les belles fraises qu'il y avait en février !!!.. car dès février *on* mangeait des fraises dans le service des bâtiments et des jardins de Saint-Cloud et S. M. ignorait cette culture clandestine... clandestine, non, les rares visiteurs des jardins pendant l'hiver enviaient ces primeurs destinées dans leur esprit pour la table du souverain.

Dans le parc de Saint-Cloud, près de la porte jaune existait sous l'Empire (et existe encore aujourd'hui, mais coupé par le chemin de fer de Marly le Roi et veuf de ses plantations) un jardin appelé le jardin des Roses.

Il avait 980 mètres de longueur et s'étendait

le long du mur qui sépare le domaine de Saint-Cloud de la route de Vaucresson, entre la porte jaune et la porte verte (station de Garches).

Ces 980 mètres de muraille étaient garnis d'arbres fruitiers en espalier et le jardin contenait en outre un grand nombre d'autres arbres de plein vent dont les produits n'étaient pas à dédaigner.

Tout s'y trouvait ; qu'on joigne à cela vingt-cinq mille pieds de rosiers toujours en floraison et on conviendra que cet ensemble devait présenter un coup d'œil admirable en août et septembre.

Dans une de ses promenades quotidiennes dans le parc, l'Empereur remarqua ces espaliers ployant sous le poids de leurs produits.

Le soir au diner, lorsqu'on fut au dessert, S. M. demanda si les beaux fruits qui étaient sur la table provenaient de la porte jaune.

Sur la réponse négative, l'Empereur parla de ceux qu'il avait vus au jardin des Roses dans la journée et manifesta le désir d'en goûter au premier repas.

Quelques jours se passèrent ; on se gardait

bien d'exécuter les ordres du souverain espérant qu'il oublierait, mais un soir il réitéra sa demande et force fut de lui en promettre pour le lendemain.

En effet, pendant quatre ou cinq repas les fruits de la porte jaune eurent les honneurs de la table de l'Empereur, puis, tout à coup, on cessa d'en apporter..... Pourquoi, demandera-t-on ? Belle question ! parce qu'il n'y en avait plus.

Pour couper court à tout nouveau caprice de S. M. on avait simplement cueilli tous les fruits, mûrs ou pas mûrs.....

L'Empereur, suivant son habitude, ne dit rien, mais n'en pensa pas moins que ses convives n'avaient pas été seuls à profiter des fruits du jardin de la porte jaune.

Du reste, l'Empereur n'avait, en fait de fruits, qu'ils vinssent de Versailles ou des marchands de primeurs de Paris, que ce que les autres dédaignaient.

C'est triste, mais c'était comme cela ; et en disant les autres, il n'est nullement question ici des hauts personnages de la couronne, mais bien du personnel de la domesticité.

Tous les matins, les fruits apportés à l'office étaient rangés en ordre, par espèce, sur de grandes tables.

On connaissait l'heure et chacun de ces messieurs, avant de vaquer à ses fonctions, venait faire son petit tour aux cuisines pour jeter un coup d'œil sur l'arrivage du jour.

L'un choisissait une ou deux belles pêches de Montreuil, quelquefois trois, et les mettait gravement dans ses poches ; un autre prenait quelques poires (pour la soif probablement) ; un troisième se construisait une assiette assortie... et lorsque quelque timide avançait pour avoir sa petite part de la curée, s'il n'appartenait pas à un ordre assez élevé dans la hiérarchie du service des appartements de Leurs Majestés, il n'était pas admis à choisir lui-même, on le *garnissait* (terme consacré) mais de qualités inférieures.

Eh ! Eh ! il ne fallait pas se faire d'ennemis ! et les petits cadeaux, surtout lorsqu'ils ne coûtent rien à ceux qui les font, entretiennent l'amitié.

Après cette distribution (par euphémisme),

ce qui restait était mis à l'abri des mains indiscrètes et réservé pour le déjeuner ou le dîner de l'Empereur.

A table, chaque convive s'extasiait sur la beauté des fruits qu'on leur servait... Que devaient donc être ceux enlevés subrepticement le matin?...

Et dire que les larrons assistaient impassibles à ces témoignages d'admiration ! Les gaillards savaient déjà à quoi s'en tenir sur leur saveur exquise, aussi se promettaient-ils *in petto* une nouvelle excursion aux cuisines le lendemain matin.

Voilà comment l'Empereur ne mangeait que les restes de ses domestiques ou, du moins pardon, Messieurs, de ce que ses valets avaient dédaigné.

XXV

LE COULAGE AUX CUISINES

Les différents budgets de la maison de l'Empereur atteignaient des sommes respectables.

Le budget de la bouche seul (tel était le titre de celui de la table en tant que cuisine, confiserie, pâtisserie, etc.), montait à 890.000 fr., et celui de la cave à 385.000 fr.

Ces différents services étaient placés sous la haute direction du général Rolin, adjudant général du palais. Une responsabilité immense pesait sur lui. En butte aux sollicitations des personnages de la couronne et autres pour leurs protégés, ayant sous ses ordres un nombreux personnel de domestiques, tous gens peu commodes à gouverner sans une rigueur inflexible, il s'était posé en maître dans son administration et tout le monde reconnaissait que nul mieux que lui pouvait régir un département aussi écrasant par les nombreux services qu'il comprenait.

La sévérité du général maintenait donc chacun dans le devoir, mais (il y a toujours un *mais* dans les administrations) il ne parvenait pas à supprimer complètement les abus, il fallait faire la part du feu et le coulage était aussi petit que possible, bien qu'il dût paraître colossal au commun des mortels.

Il y aurait un volume complet et non des moins attrayants à faire, sur toutes les roueries, traits de génie, de certains domestiques pour soustraire toutes sortes de victuailles crues ou cuites, sans oublier les vins généreux pour les accompagner.

Dans les premiers temps que j'étais à Saint-Cloud, je n'étais pas familiarisé avec les habitudes de ces Messieurs, je surpris dans les couloirs conduisant de la cuisine à la salle à manger, une femme employée comme extra pendant le séjour de l'Empereur, en train d'opérer ses petits larcins quotidiens.

Sous sa robe elle portait un jupon en cuir souple garni de poches qui, chacune, avait son affectation spéciale ; l'une était pour les rôtis, l'autre pour les sucreries, une troisième pour les fruits, etc., etc.

Vous croyez que cette femme se trouva interdite en me voyant, lui demandant d'un air sévère ce qu'elle faisait là ? Erreur complète ; elle me sourit agréablement et continua son remplissage de poches, pensant que sa mimique me renseignait assez sans dépenser des paroles oiseuses.

Je crus naturellement devoir porter ce fait à la connaissance du contrôleur de la bouche, M. Dupuis, voici sa réponse :

— Mon cher monsieur Schneider, vous êtes nouveau dans la maison, permettez-moi de vous donner un bon conseil ; chaque service est responsable de ses actes et il ne me viendra jamais à l'idée de m'immiscer dans les affaires de la régie.

— Mais enfin, monsieur le contrôleur, si

vous aperceviez un homme de la régie voler du bois ou du charbon ?

— Je ne dirais rien, parce que cela ne me regarde pas.

Combien de fois depuis ai-je rencontré des domestiques se garnissant les poches ! je me gardais bien de leur dire quoi que ce fût, de peur de soulever des conflits d'attributions.

Ils n'auraient eu qu'à se plaindre au contrôleur !!...

Les employés aux cuisines, à l'office ou aux caves étaient mariés pour la plupart, et ceux qui ne l'étaient pas, avaient *des connaissances* qui étaient aussi désireuses que les femmes légitimes de goûter à la cuisine impériale et même de s'éviter les dépenses de bouche, toujours si onéreuses dans un ménage qui se respecte.

Ces Messieurs des différents services faisaient des échanges entre eux : passe-moi la casse je te passerai le séné. Le cuisinier donnait de la viande de boucherie ou de la volaille au confiseur qui lui octroyait du sucre ou des bonbons, l'office donnait du café, du thé, etc., et la pâtisserie des gâteaux, voire même des pâtés faits exprès.

Un bon gros huissier des appartements de LL. MM., bel homme, comme ils l'étaient tous du reste, avait pour femme ou pour maîtresse une..... somnambule extra-lucide, tireuse de cartes, etc., fort bien achalandée.

Un de mes amis, représentant pour les vins, alla un jour chez elle pour lui faire ses offres de service.

Elle le reçut dans sa salle à manger où elle déjeunait d'un perdreau à l'aspect succulent, et d'une bouteille de vin au chiffre impérial.

Dans le cours de la conversation et d'un accent méridional très prononcé, elle se plaignit de ce que son mari, faisant partie de la maison de l'Empereur, ne la pourvoyait plus suffisamment comme dans le temps jadis, et que, bien certainement, elle devait avoir une concurrente.

Ah! si elle en était sûre!...

— Eh bien! mais puisque vous connaissez le passé, le présent et l'avenir, vous devriez le savoir?

Elle ne répondit rien, mais, dégustant un verre de Bordeaux impérial, elle lança à son interlocuteur un regard qui semblait lui dire : Vous y croyez donc aux sciences occultes ?...

Tous les soirs, lorsque la cour était à Saint-Cloud, je voyais passer devant mon jardin le maître d'hôtel de la table des officiers de service.

Ce maître d'hôtel, grand, fort, tant soit peu ventripotent, allait toujours prendre son service d'un pas allègre. Au retour, il n'en était plus de même, il marchait d'un pas majestueux et lent, toujours vêtu d'un immense macfarlane, même pendant les plus grandes chaleurs.

S'il me voyait, il me saluait en inclinant légèrement la tête, les bras toujours cachés par son vêtement. Pourquoi ? Parce que ses poches, d'une grandeur démesurée, contenaient, non-seulement les bouteilles de champagne qu'il avait réussi à ne pas servir aux officiers et que ceux-ci avaient oubliées dans le feu de leur conversation, mais encore d'autres bouteilles de vins fins et des provisions qu'il avait échangées en sortant de l'office. Matin et soir ce petit manège recommençait.

Un jour, le général Rolin, dont les appartements étaient au rez-de-chaussée près du guichet de l'échelle, était à sa fenêtre, lorsqu'il vit passer un valet de pied qui sortait ; or, comme cet homme avait une poitrine fortement bombée et nullement en rapport avec sa corpulence très ordinaire, le général flaira quelque supercherie et l'envoya chercher par son huissier Desgrés.

Le malheureux valet de pied se rendit, bien à contre-cœur on peut le croire, à l'appel du général qui lui fit déboutonner son gilet et, entre cuir et chemise, découvrit une magnifique rouelle de veau toute entière...

Inutile de dire que le valet de pied ne rentra plus aux Tuileries.

Une historiette rétrospective pour montrer que ce qui se passait sous l'Empire, se passait également sous la Royauté et se passe certainement sous la présidence de la République.

Les institutions changent, mais les hommes ne changent pas, surtout les domestiques.

Un soir vers dix heures, à Saint-Cloud, le roi Louis-Philippe se promenait avec son aide de camp dans l'allée des soupirs, qui longeait les cuisines nouvellement construites à cette époque.

Une clarté insolite brillait dans la partie occupée par la rôtisserie; or, à dix heures, tous les feux sont éteints et le personnel retiré.

Intrigué, le roi descendit sans bruit aux cuisines et aperçut, devant l'âtre colossal de la cheminée, un petit bonhomme de 14 à 15 ans, fort occupé à jeter dans un immense brasier ardent des bûches de bois flotté; il était tellement actionné à ce travail qu'il ne vit pas d'abord les deux Messieurs près de lui.

— Que fais-tu là, mon petit ami, lui dit le roi.

— Vous le voyez bien, M'sieur, je fais du feu.

— Oui, je le vois bien, mais pourquoi ?

— Ben, M'sieur, pour faire des cendres.

— Comment, des cendres ?

— Eh ben oui, M'sieur, des cendres, ça se vend pour faire la lessive et ça peut se sortir du palais, tandis que le bois, c'est pas possible.

Ainsi ce gamin, employé du fumiste, brûlait un stère de bois de 15 à 20 fr. pour produire quelques sous de cendres que son patron vendait aux ménagères de la localité !...

Sous l'Empire, on consommait, pour le service des cuisines à Saint-Cloud, dix sacs de charbon de bois de 45 kilog. chacun, 450 kilog. par jour, sans compter le charbon de terre, le bois pour la rôtisserie et la pâtisserie, le tout dans les mêmes proportions.

Quant au service de la régie, le bois de chauffage montait chaque année à 800 stères de bois et le double lorsque LL. MM. passaient l'hiver (jusqu'en décembre) au palais.

Le service des calorifères consommait 10 stères de bois par jour.

XXVI

LE LAISSER-PASSER

Dans les palais, sous l'Empire, il était expressément défendu de sortir un paquet, quel qu'il fût, sans un laisser-passer du régisseur constatant la nature des objets sortants.

Le service des bâtiments, jardins et parc de Saint-Cloud, relevant de l'architecte du palais, était exempt de cette mesure conservatrice, mais la signature du régisseur était remplacée par celle de l'architecte. Le porteur de ce laisser-passer devait le remettre au portier de l'une des 18 grilles par laquelle il sortait.

On évitait ainsi (autant que possible) des détournements, soit d'objets mobiliers, soit de plantes, fourrages ou matériaux divers.

Cette liberté qu'on laissait au service des bâtiments, avait bien des inconvénients.

Naturellement, l'architecte et le régisseur était toujours en antagonisme, comme toute administration qui se respecte et ou deux chefs se partagent le pouvoir; mais force devait rester au régisseur; celui-ci avait ses portiers auxquels il recommandait la plus grande sévérité en controlant ce qui était inséré sur les laisser-passer et les objets que l'on sortait.

Cela gênait beaucoup MM. les jardiniers, aussi tous les moyens étaient bons pour éviter l'inspection du portier et sortir clandestinement des objets ou des produits du parc.

Le jardinier en chef n'était pas exempt de cette sujétion vexatoire, à son point de vue; mais un jour il trouva un moyen..... génial afin de faire sortir une grande voiture de foin pour la conduire..... lui seul et son charretier le savaient.

Son laisser passer portait : laissez passer une voiture chargée *de longues herbes mortes.*

Le portier de la grille de Marnes vit bien que ces longues herbes mortes ressemblaient terriblement à du foin, il se demanda pourquoi on allait les jeter en dehors du domaine, mais le laisser-passer était en règle, il eut peur d'être accusé de vouloir entraver le service de l'architecte et la voiture sortit triomphalement.

Ce n'était pas mal imaginé, n'est-ce pas !

Ce fut à la suite de ce fait transmis à la connaissance du régisseur le lendemain matin au rapport, que l'adjudant général du palais ordonna que tous les laisser-passer signés de l'architecte, seraient contresignés du régisseur du palais.

XXVII

LE CAPORAL DE ZOUAVES

C'était en 1853, un dimanche.

Un caporal de zouaves au teint bronzé, à la barbe rouge hirsute, se présenta au poste des sergents de planton à l'État-major de la première Division militaire place Vendôme et demanda à parler au général.

L'aspect de sa figure martiale, des trois chevrons qui ornaient la manche de sa veste et de la médaille militaire (de récente création) qui brillait sur sa poitrine, prédisposèrent les sous-officiers en sa faveur et l'un d'eux le conduisit dans les bureaux auprès des officiers de service.

Pendant le trajet ce brave zouzou (le mot

n'était pas encore inventé à cette époque) raconta qu'il venait trouver le général pour lui demander l'autorisation de se rengager.

Quelques minutes après, le caporal rentra dans le corps de garde, la figure sombre, les yeux humides.

Pas de chance ! n. d. d. dit-il en se laissant tomber sur un banc.

— Qu'avez-vous, caporal, lui demandèrent quelques sous-officiers.

— Comment, ce que j'ai ? j'ai que tout le monde m'a f...ichu dedans ! J'ai quinze ans de services, trente campagnes, toutes en Afrique... à Alger je demande à rengager dans un régiment en France, car j'en ai assez des Arbi depuis que je roule ma bosse par là ! et on m'envoie à Marseille pour signer mon rengagement, sous le prétexte que cela ne peut se faire en Algérie.

Bon! je veux bien moi ; je pars avec toutes mes pièces, mais va te promener, la mer était mauvaise, la tempête nous jette tantôt à droite, tantôt à gauche, bref, j'arrive à Marseille avec huit jours de retard, je cours à l'intendance, j'exhibe mes paperasses et je leur dis : je viens pour rengager.

— Rengager ! me dit un pierrot de vingt ans qui posait dans son bureau que ça faisait pitié, rengager ! mais je vois par vos états de services que vous avez plus de trente-cinq ans, caporal, vous avez dépassé la limite d'âge, vous ne le pouvez plus et votre congé est expiré.

— Trente-cinq ans ! trente-cinq ans ! c'est vrai, que je lui dis, il y a trois jours que je les ai mes trente-cinq ans, mais si vous regardiez ma feuille de route, vous verriez que je ne les avais pas en partant d'Alger et que si je n'étais resté huit jours de plus que l'ordonnance sur un mauvais sabot qui ne voulait pas marcher, j'aurais pu me présenter avant l'heure anniversaire de ma naissance.

— C'est possible, me répondit encore ce blanc bec qui n'a jamais su ce que c'était qu'un soldat bien qu'il portât la culotte rouge, mais vous avez trente-cinq ans passés, la loi est formelle, vous ne pouvez rengager.

— Alors, donnez-moi une nouvelle feuille

de route, j'irai à Paris, je verrai le Ministre, le général, le diable et son train et il faudra bien qu'on me rengage !

— Encore impossible, caporal, votre congé est expiré, vous n'êtes plus soldat, vous n'avez pas droit à une feuille de route.

Cré nom ! avec quel plaisir je l'aurais flanqué au clou, ce jeune bleu, si je l'avais eu sous ma coupe ! et il avait encore l'air de me narguer et de me regarder en ricanant.

Que faire ? Prendre une résolution énergique ; c'est ce que je fis. J'allai trouver le commissaire de police, je lui expliquai mon cas et j'obtins un sauf-conduit d'indigent à deux sous par lieue pour venir à Paris !

Moi, oui moi, dit alors ce pauvre caporal avec des larmes dans la voix et frappant avec force sur sa médaille, j'ai voyagé dans mon pays, avec ma médaille sur la poitrine, comme un mendiant, couchant dans les granges, à la belle étoile, pour ménager les quatre sous que j'avais en poche ! moi qui pendant dix ans ai couru toute l'Algérie à la poursuite d'Abd-el-Kader, moi qui ai reçu trois blessures, j'ai été considéré comme un vagabond !

Je n'ai pas été long à arriver à Paris, je doublais les étapes.

Est-ce ma faute à moi si le père et la mère sont morts au pays, si je suis seul maintenant avec pour toute fortune que mes galons de laine et ma médaille et pour outil que ma clarinette de six pieds !...

Hé bien, mes amis... pardon... sergents, savez-vous ce que le général m'a dit tout à l'heure lorsque je lui ai raconté mon histoire? il m'a dit ceci : si dans vingt-quatre heures vous n'avez pas quitté Paris, je vous fais arrêter pour vagabondage...

En disant ces mots, ce brave caporal baissa la tête et se couvrant la figure avec ses mains, se mit à pleurer.

Les sous-officiers émus de cette douleur muette s'approchèrent pour le consoler.

Voyons, caporal, du courage donc, les camarades sont là pour un coup, on cherchera un moyen de vous tirer de là.

— Me tirer de là ! comment ferez-vous ? je n'ai plus que cinq francs et je ne puis avoir d'autre argent pour vivre, puisque je suis au terme de mon voyage indiqué sur mon sauf-conduit. Il faudra donc tendre la main ? Jamais je ne le pourrai. Travailler ? je n'ai pas de métier moi, je ne sais que me battre pour mon pays ! !...

— Hé bien, dit un jeune sergent, vous viendrez à la caserne, à mon régiment, au 12e Léger, vous vivrez avec nous et on vous trouvera bien un lit pour vous coucher, en attendant que vos démarches aboutissent.

— Mais, dit un autre, si vous tâchiez de voir l'Empereur ?

A ce mot d'Empereur, le caporal releva la tête ; l'Empereur ! dit-il, est-ce qu'on peut lui parler ?

— C'est difficile, très difficile, mais enfin ce n'est peut-être pas impossible. Ecrivez-lui, faites une pétition.

— Faire une pétition ? mais je ne sais pas écrire...

— Nous la ferons pour vous, dirent quelques-uns des plus lettrés... et comme des hommes de corvée apportaient les déjeuners de la cantine : Allons, caporal, venez vous mettre à table avec nous, nous causerons mieux de votre affaire en mangeant ; cela nous ouvrira les idées.

Et on s'arrêta à ceci : le caporal irait aux Champs-Elysées ; il attendrait le passage de l'Empereur qui, tous les jours, allait se promener au bois de Boulogne dans une voiture qu'il conduisait lui-même et, choisissant le moment propice, il lui remettrait sa pétition.

Pendant que le caporal faisait sa toilette, car ses vêtements eux aussi étaient fatigués du voyage de Marseille à Paris, la pétition fut rédigée, lue à haute voix et approuvée à l'unanimité.

A trois heures le caporal quitta le corps de garde et partit en campagne.

Il était près de six heures lorsqu'il revint en courant, il entra comme une bombe dans le poste et, jetant sa scchia en l'air, il poussa un vigoureux cri de vive l'Empereur !...

Aussitôt entouré par ces braves jeunes gens qui devinaient déjà le motif de son enthousiasme, il fut questionné et, après avoir repris haleine, il leur raconta ceci :

En vous quittant, j'ai été aux Tuileries guetter le passage de l'Empereur à sa sortie.

Tout était calme. J'attends ; mais voyant que l'heure s'écoulait je m'adressai à la sentinelle :

— Est-ce que l'Empereur ne va pas à sa promenade habituelle aujourd'hui ?

— L'Empereur, qu'elle me répondit, il y a longtemps qu'il est parti !

Ça ne faisait pas mon affaire. Allons bon ! est-ce que c'te chance va encore m'échapper, que je me fis ! et je courai aux Champs-Elysées.

J'écarquillai les yeux pour voir si je ne le verrais pas ; mais comment le reconnaître ?

Un tas de belles voitures défilaient devant moi. Je ne reluquais que celles conduites par des Messieurs... lorsqu'une fois je crus que c'était lui ; je tirai ma lettre de ma poche et j'attendis.

Près de moi se trouvait deux particuliers qui avaient l'air de me regarder avec intérêt...

ils avaient de bonnes figures, mais je ne sais pourquoi ils m'inspiraient de la méfiance ; pourtant je m'adressai à l'un d'eux et je lui demandai si c'était l'Empereur qui arrivait dans une belle voiture à deux chevaux.

— Non, me répondit-il, pourquoi ça ?

— Oh ! pour rien, histoire de le savoir car je ne le connais pas et je voudrais bien le voir une fois.

Tout à coup je remarquai au loin un mouvement parmi les promeneurs, tout le monde se levait et saluait.

Pour le coup, que je me dis, le voilà bien sûr et je vis une voiture très ordinaire mais avec deux beaux chevaux qui s'avançait bon train.

Dans l'un des deux Messieurs je reconnus le général Canrobert que j'avais vu en Afrique : Bon, dis-je, voilà mon affaire, et je m'avançai sur la chaussée.

Je vis alors que mes deux particuliers m'avaient suivi et qu'ils s'étaient placés, l'un à ma droite et l'autre à ma gauche.

Ah ! mes fistons ! me dis-je en moi-même,

vous êtes de la police et vous me surveillez ! attendez un peu, vous allez voir ce que c'est qu'un vieux chappart !...

Tout en guignant la voiture d'un œil, de l'autre je ne les perdais pas de vue et au moment où je m'élançai, ils me saisirent par les épaules... mais chouïa, chouïa, j'étais sur mes gardes : à l'un je donnai un croc en jambe et il s'étala sur le dos ; à l'autre, je lui envoyai un coup de poing au creux de l'estomac et il alla rouler à quatre pas, libre alors de mes mouvements, je courai en avant, et saisissant la bride d'un des chevaux de la voiture de l'Empereur, j'élevai ma pétition sans dire un mot, tant j'étais ému et je pris la position du soldat sans arme... et sans le sou.

L'Empereur sourit en retenant ses chevaux.

Le général Canrobert prit ma pétition et me regardant fixement il me dit : Tu es un tel ?

— Oui, mon général, lui répondis-je tout fier et tout heureux qu'il m'eût reconnu.

— Que fais-tu ici ?

— On ne veut pas me rengager et je suis venu m'adresser à l'Empereur.

— Eh bien ! viens tout à l'heure aux Tuileries, on donnera des ordres pour que tu puisses entrer et tu me demanderas, reprit le Général à qui l'Empereur avait dit quelques mots.

Je portai la main à ma sechia et je laissai partir la voiture, qui eut quelque peine à traverser la foule qui s'était amassée.

En m'en retournant, je rencontrai mes deux paroissiens qui avaient l'air tout penaud et qui se frottaient les côtes.

Hé ! les vieux zigs, leur dis-je, pas forts avec les chapparts ! !...

J'arrivai aux Tuileries où je fus conduit près du général.

— Te voilà, me dit-il, l'Empereur t'accorde ce que tu demandes, mon vieux camarade, présente-toi demain à l'Intendance et on ne te refusera pas de t'engager dans le régiment qui te plaira. Maintenant, tiens, ta bourse doit être légère, voici 50 fr. que l'Empereur te donne pour boire à sa santé.

En sortant, je rencontrai un Monsieur décoré qui me dit de venir avec lui et il me conduisit dans une chambre comme jamais je n'en ai vu et où il y avait des dames plus belles les unes que les autres et ficelées !... je ne vous dis que ça !

On me présenta à l'une d'elle, il parait que c'était l'Impératrice, ma foi j'étais tellement interloqué, que je ne sais ni ce qu'on m'a dit ni ce que j'ai répondu. Il fallait que ce fût très drôle, car tout le monde riait.

Tout ce que je me rappelle, c'est qu'en sortant j'avais 30 autres francs qui étaient allés rejoindre ceux de l'Empereur dans ma filoche, et me voilà !...

Ah ça, les enfants, c'est à vous que je dois mon bonheur ! nous allons faire la noce ; d'abord je paie à dîner, puis après un punch monstre.

Nous boirons à l'Empereur, à l'Impératrice, à Canrobert, à tout le monde quoi ! et vive l'Empereur !...

XXVIII

HISTOIRE DE M. B. ET DE M. Z.

L'Empereur était à Saint-Cloud. Le diner à la table de service des officiers venait de finir... mais avant d'aller plus loin, il n'est peut-être pas inutile de dire ce que l'on entendait par la table de service.

Pendant le séjour de LL. MM. à Saint-Cloud, tous les officiers appelés à faire un service quelconque au château, étaient nourris et se réunissaient dans une salle à manger du pavillon de Valois dont les fenêtres donnaient sur la rampe.

Déjeuner et diner étaient présidés par le colonel Thiérion, gouverneur du palais, lorsque son grand âge le lui permettait.

On était généralement une dizaine à table : le colonel, le secrétaire particulier de l'adjudant général, le capitaine adjudant du palais de semaine, le capitaine et le lieutenant de la garde impériale de garde au poste d'honneur, l'officier des cent gardes de service, et les officiers de la cavalerie détaché à Saint-Cloud pendant toute la durée du séjour de la cour.

Repas nécessairement plantureux et bien servis, aussi les langues se déliaient rapidement et la plus franche cordialité et la plus grande liberté tempérée par la présence du colonel Thiérion y régnaient entièrement.

Ceci dit, je reprends mon histoire. On était donc à la fin du dîner, on prenait le café dans le salon rouge. M. B. causait avec un lieutenant de cavalerie de la garde impériale M. Z. La conversation roulait sur l'existence de l'officier en garnison, peu à peu le vide se faisait dans le salon, chacun se rendait à ses occupations ou à ses plaisirs suivant qu'il fût de service ou non.

Vous n'allez pas rejoindre vos camarades Monsieur ? dit M. B. à M. Z.

— Ces Messieurs vont au café et je n'y vais jamais.

— Jamais! comment passez-vous donc vos soirées?

— Lorsque je suis à Paris, je passe toutes mes soirées chez ma mère.

— Vous n'avez plus votre père?

— Non, ma mère est restée veuve sans fortune avec deux enfants : ma sœur et moi.

— Mais elle a bien une pension, si votre père était militaire.

— Mon père est mort avant d'avoir accompli ses 30 années de services et ma mère et ma sœur sont entièrement à ma charge. Vous voyez donc bien que mes modestes appointements de lieutenant ne me permettent pas d'aller au café ; du reste, je ne me plains pas, je suis heureux, je partage mon temps entre mon service et les miens qui m'aiment, que demanderais-je de plus !

— Mais pourquoi ne pas faire de démarches pour obtenir un secours pour votre mère?

— Faire des démarches ! hélas Monsieur ! vous savez bien quelles démarches peut faire un officier qui ne connaît et ne voit personne... puis, si elles sont infructueuses, rendre publique la gêne dans laquelle nous nous trouvons ? ma mère et ma sœur vivent de peu avec une économie sagement entendue et le travail de ma sœur ; nous nous donnons le nécessaire et quelquefois même le superflu... Non, non, j'aime mieux cette existence ignorée, cachée.

— Que ne vous adressez-vous à l'Empereur? vous savez qu'il est bon, compatissant pour les infortunes, surtout lorsque ses faveurs sont pour les officiers de sa garde.

— M'adresser à l'Empereur ! et comment le ferai-je ? vous ne connaissez donc pas la voie hiérarchique ? en combien de mains passerait ma pétition avant d'arriver à S. M. si elle y arrive jamais ! puis, ensuite, admettons que j'aie une audience de l'Empereur, il est possible presque certain même que comme officier subalterne je serai reçu par l'aide de camp de service. Remettre ma pétition à l'Empereur lui-même ? la discipline militaire s'y oppose, je risquerais trop en le faisant.

— Voyons, voulez-vous que je me charge des démarches pour arriver à un résultat satisfaisant pour vous.

— A quoi bon ? je n'ai jamais rien demandé, j'ai une peur affreuse d'échouer et j'aime mieux rester dans la douce illusion que, si l'Empereur connaissait ma situation, il viendrait à mon secours, un refus me serait trop pénible.

L'heure s'avançait, ces deux Messieurs se retirèrent.

Le lendemain matin, M. B. en allant voir l'adjudant général, lui raconta sa conversation de la veille avec M. Z.

Le général était ce qu'on peut appeler un bourru bienfaisant.

Laisse-moi donc tranquille avec ton lieutenant, il t'a raconté tout cela, histoire de passer le temps, puisqu'il se trouve heureux comme il est, pourquoi s'occuper de lui.

Te voilà bien, toi, tu vas t'éprendre pour le premier venu qui te raconte ses malheurs, tu n'en manqueras pas de protégés si tu continues. Et la conversation en resta là.

Le général tous les jours se rendait chez l'Empereur à midi, après le déjeuner, pour lui rendre compte de ce qui se passait dans l'administration de sa maison.

A son retour à son bureau il fit appeler M. B.

— Où est-il ton officier ?

— Quel officier ?

— Mais, celui dont tu me parlais ce matin.

— Est-ce que je le sais ? il doit être chez lui ou à la caserne.

— Eh bien ! puisque tu le protèges, fais-le prévenir que l'Empereur l'invite à dîner pour ce soir.

— Le prévenir, le prévenir, mais s'il n'y est pas.

— Cela te regarde, je n'ai pas le temps de m'occuper des protégés de Monsieur.

M. B. envoya immédiatement prévenir le lieutenant ; non seulement il n'y était pas, mais encore il avait demandé la permission de ne pas assister au dîner de la table de service et était parti pour Paris. M. B., se doutant qu'il

était allé chez sa mère, fit demander son ordonnance et l'envoya de suite à la recherche
de son lieutenant.

M. Z. ne fut rencontré que fort tard par son
ordonnance, mais cependant il eut le temps
de rentrer à Saint-Cloud, de se mettre en
grande tenue et de se rendre au salon de
l'Impératrice, où on se réunissait en attendant
le diner.

Le diner n'offrit rien de remarquable, la conversation étant générale.

Lorsqu'on fut retourné au salon pour prendre le café, l'Empereur s'approcha de M. Z. et lui
demanda des renseignements sur sa position,
sur sa famille, avec ce tact, cette délicatesse
que seuls les souverains savent mettre dans
leurs paroles.

Puis après.

— Savez-vous jouer au billard, lieutenant.

Sur sa réponse affirmative, l'Empereur reprit.

— Si vous voulez nous allons faire une poule,
mais comme il faut intéresser la partie,
l'enjeu sera fourni par moi, c'est une paire de
pistolets de tir.

Bientôt la partie commença, les officiers de la couronne présents au dîner y prirent part.

Après un certain laps de temps, tous les concurrents étaient évincés, il ne restait plus que l'Empereur et M. Z. jouant chacun pour un point.

M. Z. posa la queue sur le billard se déclarant vaincu.

— Mais non, mais non, dit l'Empereur, nous sommes égaux, on ne sait ce qui peut arriver.

Et, en effet, l'Empereur fit fausse queue et la paire de pistolet échut à M. Z.

Le lendemain matin l'adjudant général fit demander M. Z.

— Monsieur, lui dit-il, S. M. a été touchée de votre amour filial, vous êtes un digne officier qui faites honneur à l'armée et S. M. ne veut pas que vous soyiez plus longtemps inquiet sur le sort de celles qui vous sont chères.

Il me charge de vous informer qu'il prend votre mère et votre sœur sous sa protection et qu'il a donné des ordres pour que Madame votre mère ait un bureau de tabac reversible, à sa mort, sur la tête de votre sœur.

Maintenant, Monsieur, S. M. m'a chargé en outre, de vous remettre ce portefeuille dans lequel se trouvent cinq mille francs, ne les refusez pas par faux amour-propre, c'est l'Empereur qui vous les donne vous pouvez tout accepter de sa main, cette somme servira, j'en suis persuadé, à ramener le bien être et l'abondance dans votre famille qui en a été privée pendant si longtemps.

Allez, Monsieur, personne ne trouvera à redire aux prodigalités de l'Empereur lorsque ses largesses tomberont sur des officiers aussi méritants que vous ; c'est un honneur pour le corps auquel vous appartenez.

Si ces lignes tombent sous les yeux de celui qui fut le héros de cette histoire, qu'il me pardonne mon indiscrétion. Dans ces temps de démoralisation générale à une époque où les meilleures actions de celui qui a gouverné la France pendant 20 ans sont travesties et présentées comme des défauts monstrueux, j'ai cru bien faire en racontant cet épisode pris entre mille.

XXIX

LÉON
Valet de chambre de l'Empereur

L'Empereur conserva pendant de longues années le même valet de chambre nommé Léon.

Ce serviteur dévoué était avec S. M. bien avant l'affaire de Boulogne en 1840 et mourut en 1867 ou 1868.

Léon était une autorité, chacun savait qu'il fallait compter avec lui et qu'il valait mieux être de ses amis que de ses ennemis.

Il avait son franc parler avec l'Empereur lorsque les besoins de son service l'appelaient à rester seul avec S. M., mais jamais il ne se mêlait des petites querelles des courtisans, jamais il ne l'entretenait des chroniques cancanières qui circulaient dans les couloirs.

En un mot il restait à sa place, mais se défendant *unguibus et rostro* lorsqu'on cherchait à l'attaquer et il était rare qu'il fût le vaincu.

Aussi chacun se le tenait pour dit.

Si Léon causait avec l'Empereur, s'il lui racontait quelque fait qui se fût passé, c'était avec un but : celui de tâcher de faire réparer une injustice ou d'intéresser S. M. au sort d'un malheureux.

Tout employé subalterne, qui avait quelque chose à demander à l'Empereur sans passer par la voie hiérarchique, s'adressait à Léon. Si sa demande était juste, Léon promettait de s'en occuper, sinon il refusait catégoriquement.

Il lui fallait une certaine habileté pour parler de telle ou telle chose à S. M. sans que les hauts personnages de la couronne ayant voix au chapitre se doutassent que le coup droit qui leur était porté vint de lui.

Le général Rolin entr'autres était celui qui recevait le plus fréquemment des assauts en sa qualité d'adjudant général du palais.

Comme il a déjà été dit, le général Rolin avait la haute main sur tout le personnel de la maison de .l'Empereur. Il n'était arrivé à une bonne administration que par une sévérité extrême.

Aucune faute ne restait sans répression plus ou moins forte.

Aussi, plus d'une fois fut-il étonné de voir l'Empereur intercéder vivement en faveur d'un employé frappé d'une punition peut-être un peu rigoureuse, mais nécessaire dans l'intérêt de la discipline ; il ne savait pas, du moins il ne le sut que plus tard, que S. M. avait déjà connaissance de la punition, par qui ? par Léon.

Tous les matins, Léon assistait l'Empereur dans sa toilette et naturellement la conversation s'engageait entre eux deux.

— Qu'y a-t-il de nouveau aujourd'hui, Léon.

— Rien, Sire, cependant hier au soir un tel, homme de service, a été puni de 15 jours de retenue de solde.

— 15 jours de retenue de solde, Léon, la faute était donc bien grave.

— Elle paraît grave au premier abord, mais les motifs qui l'ont fait commettre auraient dû être pesés avant d'infliger une pareille punition.

— Qu'avait-il donc fait.

Et Léon de raconter ce que s'était passé.

— C'était grave, en effet, Léon, et le général a bien fait de le punir.

— C'est vrai, Sire, mais c'est rigoureux, trop rigoureux. Car qui est puni ce n'est pas l'homme de service, mais bien sa famille. Que S. M. pense à la somme qui lui est retirée, la moitié des appointements d'un mois ! que feront la femme et les enfants de ce malheureux qui n'a d'autres ressources que sa place.

— Oui, c'est bien malheureux pour ces pauvres gens, mais qu'y faire ? je ne puis lever la punition, d'abord, pour la discipline, ensuite à cause du général Rolin qui l'a infligée.

Un moment de silence que Léon se gardait bien de rompre.

— Combien cela fait-il d'argent une retenue de 15 jours, continuait l'Empereur.

— Sire, cela fait 50 francs, et que V. M. voie ce qu'on peut faire avec 50 francs pour vivre tout un long mois à quatre personnes.

Nouveau silence pendant lequel Léon finissait d'habiller l'Empereur.

— Ou est mon porte-monnaie, Léon.

— Le voici, Sire, et Léon sachant qu'il approchait de l'épilogue, s'empressait d'apporter le porte-monnaie demandé.

—Tenez, Léon, voici 50 francs que vous remettrez à ce pauvre homme. Mais dites-lui bien qu'il a mérité sa punition et que cette somme n'est pas pourlui, mais pour sa femme et ses enfants. Arrangez ça pour qu'il ne sache pas que c'est moi qui la donne, car si le général Rolin le savait, il ne serait pas content, et ma foi il aurait raison.

Quelques heures après, Léon faisait remettre les 50 francs à la femme du puni.

A midi, le général Rolin arrivait et rendait compte à l'Empereur des événements des 24 heures, et naturellement parlait de la punition infligée.

— Ne croyez-vous pas Rolin disait, S. M. qu'elle est un peu forte ? Si vous la réduisiez de moitié, hein ! ne serait, ce pas suffisant.

— Alors, Sire, si V. M. se met sur le pied de réduire les punitions que j'inflige en toute justice, adieu la discipline, mon autorité recevra un grave échec.

—Je ne dis pas, Rolin, je ne dis pas, mais puisque cet homme est marié, qu'il a des enfants et que sa famille est plus punie que lui...

—Ah ! Sire, je vois bien que M. Léon a passé par là ; ma foi, j'avoue à V. M. que je ne suis pas de force à lutter contre M. Léon.

Je propose donc à l'Empereur de lever la punition et nous verrons quel bel effet cela produira.

—Non, Rolin non. Ce que vous avez fait est bien fait, n'en parlons plus et passons à autre chose.

L'Empereur se gardait bien de dire qu'il avait fait remettre 50 francs à la femme de l'homme de service.

Le général l'aurait grondé !

XXX

LES VOITURES DES MINISTRES

Lorsque les ministres venaient à Saint-Cloud pour le conseil, leurs voitures étaient remisées sur la place de la Fourrière, près du grand commun où logeaient tous les domestiques de la maison de l'Empereur, et les chevaux étaient placés dans une écurie spéciale, à côté de la loge du portier de la grille de la rue d'Orléans.

Les ministres déjeunaient généralement avec leurs Majestés à l'issue du conseil, de sorte que les cochers et valets de pied de ces Messieurs, une fois les soins donnés à leurs équipages, se rendaient chez le marchand de vins du coin de la rue d'Orléans et y établissaient leur quartier général jusqu'au départ des ministres, départ qui avait ordinairement lieu entre 1 heure et 2 heures.

Rien n'était plus curieux que d'entendre leur conversation soit pendant qu'ils dételaient leurs chevaux, soit lorsqu'ils se préparaient à aller chercher leurs maîtres.

Les commentaires sur les graves affaires du moment marchaient leur train. Ils ne se gênaient pas pour exprimer leur opinion sur tel ou tel cas qui devait se discuter au conseil des ministres, car ils étaient au courant de tout, écoutant la conversation de leurs maîtres pendant le trajet de l'hôtel du ministère au château et, au retour, comme ces Messieurs montaient quelquefois deux ou trois dans une même voiture pour causer de ce qui s'était passé au conseil, ils ne perdaient pas un mot de leur entretien.

Entre eux ils avaient une manière de s'appeler qui ne manquait pas d'originalité.

Tous, naturellement, avaient un petit nom, mais ce prénom pouvait être commun à plusieurs, comment le reconnaître ? Ils avaient imaginé de prendre le nom du ministre auquel ils appartenaient ; comme cela, pas de confusion.

Ainsi on entendait quelquefois, non sans stupéfaction :

Dis donc, Palikao, sais-tu où est Olivier ?

Il est chez le marchand de vins à faire sa partie de piquet avec Grammont ou bien : tu diras à Rouher que j'ai à lui parler avant qu'il attelle.

Un jour que les voitures étaient venues se ranger dans la cour d'honneur près de la balustrade, un peu avant la sortie des ministres, un des cochers avisant un de ses collègues qui était assez loin de lui, lui cria d'une voix de stentor : hé ! Lavallette, j'ai remis ta demande, tu peux être tranquille, ça ira tout seul maintenant.

— Merci, répondit gravement La Valette, tu sais, mon vieux, à charge de revanche !

Les ministres connaissaient-ils ce mode d'appellation de leurs domestiques ?

Il arriva une fois que ces Messieurs les co-

chers se fâchèrent pour de bon et, franchement, il y avait de quoi.

C'était au mois de juin 1870 ; l'Empereur
était venu s'installer à Saint-Cloud. Pendant
les quelques heures où les ministres étaient
au château et que leurs domestiques déjeunaient tranquillement, les voitures étaient restées sans surveillance place de la Fourrière,
surveillance inutile du reste, puisque le public ne pouvait entrer dans les cours du
palais.

Au moment où les cochers amenèrent leurs
chevaux pour atteler, l'un deux poussa un
juron formidable et, laissant ses chevaux, se
précipita vers sa voiture qu'il examina de très
près.

Intrigués, ses collègues s'approchèrent pour
regarder ce qui pouvait bien causer son émoi
et cette colère soudaine.

Le nom de Gambetta écrit avec un instru-
ment pointu, s'étalait sur un des panneaux de
la voiture !!!...

Aussitôt, pris d'une crainte qui n'était pas
chimérique, hélas ! chaque cocher courut à

son équipage et reconnut que pas une voiture n'avait été épargnée !

Toutes portaient en gros caractères ce nom qui seul, était déjà une menace pour le pouvoir.

Les trois mots du festin de Balthazar, ne produisirent pas plus d'effet que ce nom de Gambetta.

Quel était le coupable ? quel était le sinistre farceur qui avait commis cet acte inqualifiable dans l'enceinte même d'un palais impérial ?

Les ministres, avertis sur le champ, vinrent constater le délit et le général Frossard, gouverneur du prince Impérial et qui commandait le Palais, fit venir le régisseur auquel il s'en prit, le menaçant d'une punition sévère s'il ne trouvait pas le délinquant.

Une enquête fut ouverte immédiatement.

Tout le personnel fut interrogé et, enfin, on apprit que des enfants d'employés avaient joué pendant un certain temps sur la place de la Fourrière.

On fit venir ces bambins, dont le plus âgé avait 10 ou 11 ans, qui en pleurant et se rejetant la balle, finirent par dénoncer un de leurs camarades.

Que faire à un gamin de huit ans?

Le père fut sévèrement admonesté et menacé d'être révoqué, s'il ne surveillait pas mieux son fils.

L'accès de la place de la Fourrière leur fut interdit comme lieu de récréation et les jours de conseil des ministres, un soldat de planton fut placé près des voitures, pour empêcher qui que ce fût de s'en approcher.

Messieurs les cochers ne pouvaient donc surveiller eux-mêmes leurs voitures?

Il fallait bien qu'ils eussent le temps de soigner leurs chevaux en attendant leurs maîtres.

XXXI

LE GÉNÉRAL ROLIN ET LE CAPITAINE J.

Le général Rolin était de taille moyenne, se tenant très droit, la moustache coupée en brosse et d'une blancheur éclatante ainsi que les cheveux ; sa physionomie était peut-être un peu dure, mais allait bien à son ensemble tout militaire.

L'Empereur avait la plus grande confiance en lui et ne dédaignait pas souvent de lui demander son avis dans des circonstances graves, avis qu'il donnait avec la plus entière franchise dictée par un profond dévouement.

Malgré sa raideur, il était d'une bonté et d'une sensibilité extrêmes, mais il cachait ces précieuses qualités sous une apparence de brusquerie qu'il poussait peut-être à l'excès lorsqu'il se sentait attendri et que son devoir lui imposait une sévérité ou une impartialité nécessaires.

Voici une anecdote qui peint bien son caractère et qui lui fait le plus grand honneur.

Un brave capitaine de gendarmerie en retraite, jouissant d'une très modeste pension et ayant une famille de quatre personnes à nourrir, lui adressa un jour une pétition sollicitant pour sa fille un emploi d'aide-lingère dans les palais impériaux.

Sa demande eut le sort commun aux autres de ce genre ; il lui fut répondu qu'il n'y avait pas de places vacantes, mais qu'en tous cas bonne note était prise de ses désirs.

Au bout de quelque temps, la situation précaire, dans laquelle il se trouvait, suggéra à ce capitaine l'idée malheureuse (ou heureuse, la suite nous l'apprendra) de se présenter chez le général Rolin pour lui renouveler de vive voix sa demande.

Le général était mal disposé ce jour-là ; cependant il fit entrer cet officier dans son cabinet et lui demanda brusquement ce qu'il désirait.

Celui-ci, ému de se trouver en présence du général dont il connaissait la réputation et intimidé par l'aspect imposant de ce beau vieillard à la voix habituée au commandement, se troubla et balbutia quelques mots que ne furent pas entendus ou qui furent mal compris.

— Voyons! lui dit le général avec impatience, que voulez-vous? vous vous êtes bien présenté ici pour quelque chose! expliquez-vous en peu de mots, je n'ai pas le temps d'écouter tout ce qu'il plaît à chacun de venir me raconter... que voulez-vous?

Le pauvre capitaine, tout troublé, lui parla alors de la pétition qu'il lui avait adressée quelques mois avant.

— Hé bien! cette pétition, on vous a répondu, n'est-ce pas?

— Oui, mon général.

— Alors que voulez-vous encore? nous ne pouvons pourtant pas tuer toutes les lingères pour faire une place à votre fille, et puis, d'ailleurs, il y en a de plus méritantes qui attendent depuis longtemps. Je ne puis rien.

— Mais, mon général...

— Ah ça! allez-vous vouloir me forcer la main! sortez, Monsieur, je vous l'ai déjà dit, je ne puis rien.

Et comme le capitaine ne bougeait pas.

— Voulez-vous sortir ou faut-il que j'appelle l'huissier?

Le pauvre officier sortit donc.

Arrivée dans la cour, tout bouleversé de la réception qu'il venait d'avoir, au lieu de tourner à gauche pour gagner le guichet de l'Echelle, se trompant, il tourna à droite sans trop savoir ce qu'il faisait et où il allait.

Son émotion s'était traduite par quelques larmes qui sillonnaient ses joues et il tira son mouchoir pour les essuyer.

La providence voulut qu'à ce moment précis il passât sous les fenêtres du général Rolin, situées au rez-de-chaussée et que le général ait soulevé un instant son rideau de vitrage pour regarder dans la cour.

Il aperçut le mouvement du capitaine et remarqua sa bonne et honnête figure ; son bon naturel reprit le dessus ; il fut ému et son cœur se serra ; il comprit qu'il avait été dur à l'égard de ce vieux serviteur dont les cheveux, comme les siens, avaient blanchis sous le harnais militaire.

Un remords le prit, il fit venir l'huissier et lui dit de courir et de ramener la personne qui était chez lui et qui venait de sortir.

L'officier rentra donc tout tremblant, ignorant quelle tuile allait encore lui tomber sur la tête...

La physionomie du général s'était détendue et avait pris un air d'affabilité extrême.

— Quelle position avez-vous en ce moment capitaine ?

— J'ai le minimum de la retraite, mon général, et j'ai une petite place de teneur de livres chez un marchand d'huiles ; cela me donne 1200.

Le général réfléchit un moment.

— Mettez-vous là, à mon bureau et faites-moi une demande pour entrer comme commis dans les bureaux du grand maréchal du palais ; vous aurez 1800 fr. et le mois double au 1er janvier.

Le capitaine croyait rêver et lui qui avait une belle écriture griffonna plutôt qu'il n'écrivit sa pétition, tellement il était agité.

Le général la prit et lui dit avec un bon sourire : c'est bien, vous entrerez prendre fonctions nouvelles le 16 de ce mois.

Et, en effet, le capitaine, qui croyait tout perdu, eut non seulement sa place aux tuileries, mais encore sa fille, quelques mois après fut nommée aide-lingère dans un palais impérial.

C'est égal, mais si en sortant la première fois de chez le général, il avait tourné à gauche au lieu de tourner à droite...

Pur hasard, diront les libres penseurs, et vous, chers lecteurs ?

Tout postulant n'avait pas la même chance que le capitaine J. et en voici un exemple.

Chaque fois qu'un individu, désirait entrer dans la maison de l'Empereur comme valet de pied, il devait passer la visite du médecin par quartier de S. M. qui constatait ses aptitudes physiques à cet emploi.

Les conditions requises étaient d'être grand, bien fait et surtout avoir de beaux mollets, sans quoi il ne lui était pas permis d'aspirer à ces fonctions, la culotte et les bas blancs étant de rigueur.

Cela fait, le général Rolin examinait son dossier, l'acceptait, l'ajournait ou le refusait. Inutile de dire que la demande du postulant devait être appuyée par de nombreuses recommandations de généraux ou de grands personnages.

Un malheureux grenadier de la garde impériale s'était mis sur les rangs pour obtenir un des emplois, mais la pétition n'était accompagnée d'aucune apostille... Après qu'il eut passé à la visite du Docteur, le général Rolin écrivit en marge de son dossier.

Bons états de services, bel homme, beaux mollets, mais pas de protections : *refusé.*

XXXII

LE ROI DE HANOVRE A SAINT-CLOUD

Bien que ce qui suit soit postérieur à 1870, ce qui est relatif au roi Georges de Hanovre, ce roi dépossédé si brutalement et si traîtreusement de son royaume par les Prussiens en 1864, (et ce sans que l'Angleterre ait soufflé mot) est si sympathique à la France, que je dois à sa mémoire de parler des nombreuses visites qu'il fit à Saint-Cloud dans les dernières années de son existence.

Ce roi Georges est une des grandes figures de ce siècle et nul ne pouvait l'approcher, sans se sentir attiré vers lui par le respect et le dévouement.

La première fois que je le vis, c'était un soir à 8 heures 1/2 en 1871.

On vint me prévenir que le roi de Hanovre était dans la cour d'honneur du palais et je m'empressais d'aller le saluer.

Il faisait un clair de lune superbe et les ruines du palais présentaient un coup d'œil fantastique; sa masse noircie par les flammes de 1870 était baignée par une douce lumière qui la détachait du fond de verdure qui l'entourait.

Le roi, accompagné de sa fille la princesse Frédérique et de son aide de camp, le baron Pawels de Ramingen, semblait jouir du spectacle qui s'offrait à lui.

J'ignorais alors qu'il fût aveugle et comment s'en apercevoir, quand il s'extasiait sur le tableau qu'il avait devant lui.

Il me questionna sur les événements qui s'étaient passés au Palais et, l'heure s'avançant, me promit de venir souvent se promener dans le parc et les jardins qu'il ne connaissait pas.

Dès lors tous les jours ou presque tous les jours il vint à Saint-Cloud.

Sa promenade de prédilection était le jardin dit du Trocadéro [1], sur la hauteur dominant le Palais et, comme le public n'y était pas admis, il pouvait circuler sans craindre les importuns; j'avais même fait transporter un fauteuil dans le kiosque du prince Impérial, pour qu'il pût se reposer quelques instants.

Chaque fois qu'il venait, j'éprouvais un vif plaisir à l'accompagner car sa conversation avait mille attraits pour moi.

Bien souvent il se reportait vers le passé : alors sa voix prenait un accent fébrile, sa figure, d'ordinaire si bienveillante, s'empourprait, surtout lorsqu'il parlait de Bismark (jamais du roi de Prusse) aussi la reine me pria-t-elle de ne jamais le mettre sur ce chapitre, car alors il s'emportait et rentrait malade à son hôtel.

Hélas ! je n'avais pas besoin de lui en parler !

[1] Ce nom de jardin du Trocadéro vient de ce qu'un jour, sous Charles X, on ne parlait que de la victoire remportée en Espagne par le duc d'Angoulême. Le duc de Bordeaux, plus tard comte de Chambord, alors enfant, prit la parole et dit : mon jardin s'appellera le Trocadéro et ainsi fut fait.

il savait bien amener la conversation sur les Prussiens, comment ne pas lui répondre !

Dans le petit parc, près du bassin du fer à cheval, se voyait de 1870 à 1873 une tombe allemande au milieu d'un massif.

Le roi la connaissait.

Un jour, après l'exhumation de tous les corps enterrés dans le domaine, la reine s'aperçut que la croix noire n'était plus là et, sans réfléchir, m'en fit l'observation devant son royal époux ; je la renseignais.

— Ah ! me dit-elle, on a bien fait d'enlever toutes ces tombes qui attristaient les visiteurs...

Le roi s'arrêta brusquement et d'une voix saccadée et pleine de colère :

— Non, on n'a pas bien fait ! ce spectacle des ennemis enterrés dans la terre française, rappelait qu'on ne doit jamais oublier 1870, ni les nombreux Français qui reposent là-bas en Prusse, victimes d'une captivité digne des barbares !... qu'on ne doit pas oublier ces pillards que la fatalité a rendu vainqueurs et ce Bismark indigne, ce voleur de royaumes, incapable de comprendre les sentiments d'honneur et de chevalerie... ah ! oui, on a eu tort !!...

Son animation augmentant de plus en plus, j'essayais de détourner la conversation ; vains efforts, la colère du roi contre Bismarck s'exaltait et ce fut à grand peine, que la reine put abréger la promenade.... le roi resta plusieurs jours sans venir !...

Il y a 20 ans de cela, et j'ai encore présent dans mes souvenirs ce roi grand par le courage et l'infortune, parlant avec émotion des dévouements qui l'avaient entouré pendant cette infâme campagne de 1864 et de ses anciens sujets Hanovriens, qui le regrettaient comme leur bienfaiteur.

Il y a 20 ans de cela, je n'ai pas oublié... et ce roi si affable, si doux, tient toujours la première place dans mon cœur.

Puisse Dieu bénir ceux qui lui survivent ! cette reine, sa fidèle compagne, qui consacre ses derniers jours à élever les enfants Hanovriens à Gmunden et cette princesse Frédérique, modèle de la piété filiale par le dévouement dont elle a entouré son père aveugle, qui voyait par les yeux de sa fille bien-aimée !!!..

XXXIII

LE MARÉCHAL CASTELLANE

En 1862, le système de recrutement de l'armée avait subi des modifications importantes, la dernière était ce qu'on appelait les remplaçants administratifs ou engagements avec primes.

Ce mode de recrutement qui semblait, en théorie, devoir donner de bons résultats ne répondit pas à ce qu'on attendait.

Entr'autres défauts, il avait celui de jeter dans l'armée un certain nombre de jeunes gens exemptés par le conseil de révision comme fils de veuve.

Tentés par une somme d'argent assez ronde, ils abandonnaient leurs familles sous prétexte do leur donner tout ou partie de leur prime et en réalité ne donnaient rien, dépensant le tout en orgies avant leur incorporation.

Ce système qui n'avait pas l'approbation d'un certain nombre de généraux, avait été imaginé par l'Empereur.

Or, il est reconnu que quelles que soient les idées d'un monarque et on peut ajouter : qui que ce soit qui est au pouvoir, elles trouvent toujours des courtisans pour s'extasier sur le génie du souverain et préconiser des réformes qu'ils seraient les premiers à vilipender, si elles sortaient du cerveau de quelques-uns de leurs chers collègues.

Mais ceux qui vivent loin du sérail, qui expérimentent *in anima vili* toutes les élucubrations qui naissent au sein des cours, ceux-là peu habitués aux circonlocutions, disent franchement leur façon de penser. Quelquefois cette franchise leur coûte cher, d'autres fois ils en sont quitte pour avoir sur les doigts.

C'est ce qui arriva en 1862, à un général de brigade en Corse.

Le maréchal Castellane avait demandé un

rapport sur le remplacement administratif en usage à cette époque ; L'officier d'ordonnance, comme toujours, fut chargé de sa rédaction.

Après avoir conversé avec le général au sujet du point de vue auquel il fallait se placer, c'est-à-dire, si ce mode de recrutement était bon ou mauvais, il fut décidé qu'on se prononcerait pour la négative.

Une fois fait et approuvé en tous points par le général et signé, le rapport fut expédié au maréchal.

Huit jours après, il revenait à la brigade avec une note fulminante du maréchal Castellane. Cette note disait en substance que le maréchal ne comprenait pas que le général trouva mauvaise une idée qui venait de l'Empereur, il lui ordonnait de refaire son rapport dans un sens diamétralement opposé au premier et de le lui envoyer dans le plus bref délai.

Ce qui fut fait. Il est probable qu'il en a été ainsi dans tous les grands commandements et, lorsque l'Empereur reçut le résumé de tous ses généraux sans exception, il dut sourire de contentement et penser que, sans lui, personne n'aurait songé à une modification qui sauverait la France le cas échéant.

Hélas ! nous avons vu le contraire.

Et on s'étonnera de ce que le chef de l'État ne comprenne pas mieux les intérêts de son gouvernement, alors que la faute doit incomber à ceux qui l'ont trompé sciemment, pour lui faire leur cour.

XXXIV

LES TABLEAUX DE DUVAL
A LA POSTÉRITÉ

Duval était un employé de la garde-robe, d'un certain âge, un peu cassé; on lui avait donné le service le moins pénible dans les appartements privés de LL. MM... bref, en raison de ses fonctions, on l'appelait... chef du cabinet.

Ce brave homme avait une passion malheureuse pour les beaux-arts et regrettait de ne pas s'être lancé, étant jeune, dans cette carrière libérale; il aurait été quelqu'un selon lui.

Dans ses moments de repos, il se livrait à son goût favori pour la peinture et composait des tableaux genre Meissonnier où toutes les couleurs de l'arc-en-ciel étaient représentées et, avec un peu de patience, on finissait par découvrir le sujet qu'il avait voulu traiter. C'était ordinairement des chevaux, mais on pouvait y découvrir toute autre chose.

Suivant Duval, certains tableaux des appartements ne valaient pas les siens et pourtant ils appartenaient au Louvre ou à l'Empereur et les noms des peintres figuraient sur les catalogues des Musées.

Pourquoi lui aussi n'y figurerait-il pas après tout ? vendre ses tableaux, il n'y songeait pas, mais il était un moyen de les faire enregistrer sur les inventaires, de les faire ainsi consacrer comme œuvre d'art et de faire connaître son nom aux générations futures...

Ce moyen il le trouva.

Ayant achevé un tableau grand comme la main, il le signa, écrivit derrière, étude de chevaux, acheta un beau cadre et, dissimulant son œuvre sous ses vêtements, il profita de l'absence d'un chambellan au 4e étage pour s'introduire dans son salon.

Là, il choisit une place favorable, c'est-à-dire pas trop en vue, plutôt dans l'ombre, planta un clou et accrocha son tableau. Il admira l'effet qu'il produisait avec ce cadre si bien doré et se retira.

Le tour était joué.

Quelque temps après on vint faire le recolement des tableaux quels qu'ils fussent, existant au Palais et le tableau, à la grande joie de Duval, fut inscrit sur l'inventaire...

Heureux Duval ! il était sûr que son œuvre passerait à la postérité !

Mais il comptait sans les Prussiens, hélas !

Son tableau est peut-être actuellement à Berlin avec cette inscription glorieuse :

Provenant du *sac* du Palais de Saint-Cloud.

XXXV

PROSPER MÉRIMÉE ET L'OFFICIER QUI RONFLE

L'Empereur était difficile pour le choix de ses officiers d'ordonnance, et l'Impératrice avait toujours voix consultative lors de la présentation des candidats.

En général, tous ceux appelés à l'honneur de faire partie de la maison militaire de S. M. étaient des officiers du plus grand mérite et le plus grand nombre, pour ne pas dire tous, est arrivé à de hautes situations.

Si la plupart étaient hommes du monde, quelques-uns cependant (sans leur enlever toutes les qualités d'un bon officier) faisaient tache au milieu de leurs camarades, habitués aux convenances les plus élémentaires, pour ceux qui fréquentent les salons.

Un jour on présenta, comme candidat, un jeune officier à l'Empereur. Ses notes étaient excellentes et ses protecteurs puissants, seulement il était disgracieux et même d'une physionomie peu avenante, l'air sombre. L'Empereur hésita à l'accepter et désira que l'Impératrice le vît.

Dès que S. M. entra dans le salon où se tenaient ces Messieurs, la vue de cet officier lui fut peu sympathique et, après son départ, elle se récria sur sa tournure et son ensemble en général ; elle manifesta même son étonnement de ce qu'on le lui avait présenté. En un mot, ce n'était pas ce qu'il fallait comme officier d'ordonnance.

Madame, lui dit alors un des grands officiers de la couronne, si V. M. désire avoir, comme officiers d'ordonnance, des officiers de salon sachant conduire un cotillon, je puis lui en présenter beaucoup qui certes lui agréeront, mais qui ne seront peut-être pas à la hauteur des fonctions militaires qu'ils seront appelés à remplir un jour, car l'honneur d'être choisis pour servir VV. MM. attire l'attention sur eux, tandis que nous avons des officiers du plus grand mérite, tels que celui que je vous ai présenté, qui restent dans l'oubli, parce qu'ils ne savent pas tous ces mille riens qui posent un homme auprès des dames, eux qui ont passé leur existence au service de la France et combattu contre l'ennemi, pendant que les autres dansaient.

L'Impératrice comprit ce que ce personnage disait et ne mit aucun obstacle à la nomination de cet officier qui, quelque temps après, prit son service auprès de l'Empereur.

Au bout de quelques temps la cour vint à Saint-Cloud et, à la même époque, M. Prosper Mérimée fut invité à passer un mois au palais.

Un soir, après dîner, alors que l'Impératrice et sa cour étaient au salon, Prosper lisait à haute voix et tout le monde sait qu'il lisait admirablement comme il écrivait du reste.

Chacun prêtait une attention soutenue et était sous le charme de cette lecture, lorsque tout à coup un bruit insolite retentit dans le salon, un ronflement sonore partait d'un des coins de la pièce.

Mérimée cessa de lire ; l'Impératrice courroucée se tourna vers cette partie de l'appartement d'où sortait ce bruit et elle aperçut notre officier d'ordonnance, qui, allongé dans un bon fauteuil, dormait béatement, oubliant où il se trouvait.

S. M. se leva d'un bond, secoua le dormeur qui, engourdi, ne comprenait rien à ce qui lui arrivait et lui dit :

Est-ce ainsi, Monsieur, qu'on se conduit chez l'Empereur, si vous avez sommeil, allez vous coucher. Sortez.

L'officier, confus, se retira et ne reparut plus au salon de S. M. Quelque temps après, il était nommé chef de bataillon, grade qui l'obligeait à quitter la maison de l'Empereur.

XXXVI

ÉPHÉMÉRIDES DE 1869 AU PALAIS DE SAINT-CLOUD

Tous les ans la régie du palais de Saint-Cloud établissait un état des logements affectés au personnel de la maison de l'Empereur; sur la première page, on inscrivait un résumé des divers événements qui se passaient au château pendant le séjour de la cour.

Pendant le siège de Paris en 1870, les archives du palais avaient été éparpillées un peu partout, par les Prussiens qui occupaient le pavillon de Valois. La majeure partie des différents dossiers, les registres d'entrée et de sortie (20 volumes in-folio) du mobilier de la couronne étaient, ou déchirés ou remplies d'immondices dégoûtantes.

Seul, le cahier des logements de 1869 échappa à la destruction et voici, à titre de document historique, le résumé qui se trouvait en tête.

1869.

Son A. I. le prince impérial arrivé à Saint-Cloud le 27 juin à 3 heures du soir.

L'Empereur et l'Impératrice arrivés le 27 juin à 8 heures du soir.

M. Prosper Mérimée, invité, arrivé le 1er juillet.

Grand dîner pour les députés, le 5 juillet.

Grande fête en l'honneur du Khédive le 8 juillet. Feu d'artifice, lumière électrique, bal, souper.

L'Impératrice partie pour Berk, le 15 juillet, rentrée le même jour.

Réception officielle le 15 juillet.

Grand dîner en l'honneur de la Reine d'Espagne le 26 juillet.

M. Mérimée parti le 1er août.

S. A. Hussein pacha, arrivé au Palais le 11 juillet, parti le 11 août.

L'Impératrice partie le 13 août pour Cherbourg, rentrée le 14 à 1 heure du matin.

S. A. I. le Prince Impérial, parti au camp de Châlons, le 14 août, rentré le 19 août.

L'Impératrice et le Prince Impérial partis pour la Corse, le 23 août, rentrés le 3 septembre à 8 h. 1/2 du soir.

L'Impératrice partie le 30 septembre à 5 h. 1/2 du soir pour son voyage en Orient.

L'Empereur et le Prince Impérial partis le 12 octobre pour Compiègne.

XXXVII

VISITES ROYALES A SAINT-CLOUD

1867, année de la 2ᵉ Exposition universelle en France, sembla donner un regain de popularité à la dynastie des Napoléons.

En 1855 la première Exposition avait vu la puissante reine d'Angleterre venir s'agenouiller devant le sarcophage de Napoléon Iᵉʳ, victime de cette atroce politique anglaise, l'éternelle jalouse du génie français; 1867 avait vu tous les Princes régnant en Europe venir admirer les merveilles de l'industrie et de l'art de notre pays.

L'Empereur avait royalement reçu ces hôtes couronnés et leur avait fait les honneurs de la capitale de la France.

Au mois de juin, quelques jours avant l'attentat de Berezowski contre l'Empereur de Russie et le fameux « vive la Pologne, Monsieur. » de légendaire mémoire, le czar et son oncle Guillaume, roi de Prusse alors, furent invités à une promenade à Versailles en passant par Saint-Cloud où le prince Impérial était en villégiature.

Nous avons vu précédemment que le prince venait d'échapper à une cruelle maladie et que pour le soustraire à la mort qui le guettait aux Tuileries, on l'avait installé au Palais de Saint-Cloud, précisément le jour de l'ouverture officielle de l'Exposition.

Lorsque les voitures portant les plus puissants monarques de l'Europe et leur suite arrivèrent dans la cour d'honneur du château, elles s'arrêtèrent devant le pavillon de Valois où les attendaient les chevaux de relai.

Cette opération ne demandait que deux minutes, montre en main, tellement était bien fait le service des écuries sous la haute direction du général Fleury, grand écuyer de l'Empereur.

Le grand breack où se trouvaient leurs Majestés était ainsi composé : l'Empereur Napoléon III, le czar et le roi de Prusse sur la première banquette ; l'Impératrice, sa dame d'honneur et le comte de Bismark sur la deuxième.

Pendant qu'on relayait, Napoléon III chargea le régisseur de prévenir le général Frossard de vouloir bien amener le prince Impérial pour le présenter aux augustes visiteurs.

Le prince arriva bientôt accompagné de son gouverneur et s'avança en marchant avec une légère claudication vers le breack, car l'abcès, qui l'avait si fort éprouvé, était à peine cicatrisé.

Il monta sur le marchepied aidé par le général Frossard ; spontanément, l'empereur de Russie se pencha et, l'élevant dans ses bras, l'embrassa comme un bon père sur les deux joues.

Le roi Guillaume de Prusse, plus réservé, se contenta de lui donner une vigoureuse poignée de main.

Le czar alors l'enlevant à bout de bras pour

la seconde fois, le fit passer par-dessus la barre d'appui, pour qu'il pût embrasser sa mère.

Nous remarquâmes que le roi de Prusse s'était retourné ne quittant pas le prince des yeux et que Bismarck le regardait avec curiosité, tandis qu'un sourire qui pouvait passer pour gracieux, plissait ses lèvres ; il semblait vouloir approfondir l'avenir de ce pauvre enfant et peut-être devinait-il qu'il serait son bourreau !

Tout le monde présent à cette entrevue fut frappé de la physionomie du chancelier et chacun de nous (fatale confiance en nous-mêmes) pensait : oui, regarde-le bien, cet héritier des Napoléons, car ce sera peut-être lui qui te donnera du fil à retordre !...

Trois ans après nous étions cruellement désillusionnés ! La famille Impériale était en exil, la France pantelante et brisée subissait le sort des vaincus et Guillaume se faisait proclamer empereur d'Allemagne dans la galerie de glace du palais de Louis XIV à Versailles[1].

Triste retour des choses d'ici-bas !!!...

[1] A ce propos qu'on me permette de citer un fait dont je garantis l'exactitude la plus absolue.

En janvier 1871, lors de son couronnement à Versailles, Guillaume avait donné l'ordre de dresser l'estrade dans la galerie des glaces.

Pour faire cette estrade, il fallait des planches et des madriers assez solides, mais il fut impossible d'en trouver même dans la ville, les Prussiens avaient tout pris pour leurs travaux de défense.

Force fut à l'architecte de prendre tous les vieux bois de démolitions qu'il put trouver dans les ressources du magasin du palais. Or, les bois assez forts pour cette construction n'étaient autres que ceux ayant servi pour... les water closets du palais !...

Ce fut là-dessus que le roi de Prusse fut proclamé empereur d'Allemagne !! ah ! si Guillaume l'avait su !... Après tout, on dit que ça porte bonheur...

XXXVIII

LA FEMME DE CHAMBRE DE L'IMPÉRATRICE

Généralement Leurs Majestés quittaient les Tuileries pour aller passer l'été et l'automne dans les autres palais Impériaux.

C'était d'abord à Fontainebleau qu'elles se rendaient. Au mois de juillet on partait pour Saint-Cloud où l'on restait jusqu'après la fête de l'Empereur.

C'était ensuite le tour de Biarritz jusqu'au 15 ou 20 septembre. On revenait à Saint-Cloud pour se rendre enfin, vers la fin d'octobre, au château de Compiègne où avaient lieu les grandes réceptions par séries et les grandes chasses à courre dans la forêt.

Ces invitations étaient très enviées ; tout

ce que le grand monde possédait de notabi-
lités et d'illustrations briguait cette faveur.

Aussi que de démarches, que de petites infamies même, pour obtenir le pas sur telle ou
telle rivale ! pour faire partie de telle ou telle
série ! car on s'amusait bien à Compiègne,
c'était une existence de plaisirs où tout le
reste du monde était oublié, où tout était permis et Dieu sait les beaux petits scandales qui
se passaient dans ce lieu de délices, grâce à la
promiscuité des deux sexes et quelles jolies
petites histoires on se racontait, avec une in-
dulgence malicieuse, sous le manteau de la
cheminée.

A Fontainebleau, il y avait bien quelques
invitations, mais seulement de personnages in-
times.

Lorsque la cour arrivait dans ce palais, toute
la municipalité était sur pied pour recevoir et
souhaiter la bienvenue à la famille impériale.

Fontainebleau prenait un air de fête ; arcs
de triomphe, drapeaux, illuminations, rien n'y
manquait. Du reste, aujourd'hui le Président
de la république est reçu à peu près de la

même façon, mais sa présence n'occasionne pas ce redoublement d'activité dans la ville, que celle de l'Empereur suscitait.

Lorsque LL. MM. étaient en villégiature, le personnel qu'elles emmenaient était très considérable. Ainsi à Saint-Cloud, où l'exiguité du palais ne permettait pas d'héberger plus de une ou deux personnes, le nombre de ce personnel sans y comprendre celui des chevaux et voitures et de la vénerie montait à 107 personnes. Comme la plupart de ces employés n'étaient pas nourris et que de plus, à cette époque du séjour de la cour, les étrangers et les visiteurs affluaient à Fontainebleau, on voit d'ici les bénéfices que le commerce de la ville recueillait de cette augmentation de population.

En 186... lors de l'arrivée de l'Empereur et de l'Impératrice au Palais, il se passa une petite comédie qui coûta cher à la personne qui en fut l'héroïne.

On était arrivé vers 5 ou 6 heures du soir : les réceptions officielles venaient d'être terminées, mais la foule stationnait encore dans la partie des jardins sur lesquels donnaient les appartements de l'Impératrice.

Le dîner venait de commencer lorsque de vives clameurs parvinrent jusqu'à la salle à manger ; d'abord on n'y fit pas attention, étant un peu habitué à l'enthousiasme populaire toujours bruyant, mais les cris se prolongeant outre mesure, l'Empereur envoya un de ses officiers d'ordonnance voir ce qui se passait d'anormal.

Des cris de vive l'Impératrice retentissaient sans interruption et l'officier ne se rendait pas compte de ce délire, mais en pénétrant dans les appartements, il eut bientôt la clef du mystère.

Les femmes de service venaient d'arriver avec les bagages de l'Impératrice et rangeaient, dans les pièces des atours, toutes les robes et autres effets de S. M.

Mme *** femme de chambre était restée dans la chambre à coucher et préparait tout ce qui était nécessaire pour la toilette de nuit.

Cette femme de chambre était grande, bien faite, très belle femme et sa situation lui permettait d'avoir une mise un peu au-dessus de l'ordinaire.

Comme de temps en temps, dans ses allées et venues dans l'appartement, elle passait devant les fenêtres donnant sur les jardins, la foule, massée sur ce point, pouvait apercevoir son ombre derrière les rideaux, aussi des exclamations partaient de tous côtés, chacun s'imaginant que c'était l'Impératrice.

La première fois elle n'y fit pas attention, mais la seconde, elle s'avisa de soulever le rideau et de regarder au dehors.

Alors le brouhaha de la foule se changea en cris de vive l'Impératrice.

Ce jeu amusait probablement cette femme de chambre, car elle le continua et voulut (peut-être) au moins une fois dans sa vie, être traitée en Impératrice.

Et pourquoi pas ?

Sa Majesté était grande, et elle aussi. S. M. était mise très simplement pour son rang suprême, elle aussi, puisque les robes de son impériale maîtresse devenaient sa propriété et qu'elle les mettait.

Ainsi tout concourait pour faire réussir son projet... d'ailleurs la cour était à table et personne ne s'apercevrait de son petit manège. Le public, ce bon naïf, n'y verrait que du feu et, qui plus est, tout le monde reconnaitrait la souveraine.

Voyant que l'enthousiasme continuait à s'accentuer et menaçait de s'éterniser, elle se décide à frapper un grand coup.

Ouvrant la fenêtre donnant sur le balcon elle se montra à la foule qui, naturellement, l'acclama avec frénésie, agitant mouchoirs et chapeaux.

M⁰ *** fit révérences sur révérences, minauda, mit la main sur son cœur et aspirait avec enivrement les acclamations et les preuves d'affection de son bon peuple.

Mais hélas ! cette jouissance des grandeurs ne dura pas longtemps et l'entrée de l'officier d'ordonnance, dans la chambre de l'Impératrice, produisit l'effet de la statue du commandeur.

La malheureuse femme de chambre, en l'apercevant, tomba du septième ciel où elle planait et comprit de suite l'énormité de la faute qu'elle venait de commettre.

La punition ne se fit pas attendre, car l'Impératrice, mise au courant de cette usurpation de sa popularité par une de ses femmes, renvoya sur l'heure sa femme de chambre qui perdit ainsi, par vanité, une place enviée et de si bons profits.

XXXIX

LA MARQUISE D'AVARAY A SAINT-CLOUD

L'Impératrice n'aimait pas que ses appartements particuliers fussent visités par des étrangers.

Cela tenait à ce que les tentures et les meubles étaient en assez mauvais état et qu'elle ne voulait pas qu'on les changeât.

Un jour, en 1866, une grande dame du Faubourg Saint-Germain, non ralliée à l'Empire, madame la marquise d'Avaray, était venue au Palais de Saint-Cloud pour visiter tout, y compris les appartements réservés (comme l'on disait) de Leurs Majestés.

Devant des autorisations en due forme signées du général Rolin, le sous-régisseur crut devoir l'accompagner dans sa visite.

Les grands appartements de réception ne pouvaient être critiqués, mais lorsqu'on parvint dans l'aile droite du palais entièrement occupée par l'Empereur et l'Impératrice, il n'en fut pas de même.

La chambre à coucher de cette dernière surtout, était tendue en soie brochée couleur vert d'eau qui, depuis longtemps, subissait l'action du soleil et avait perdu beaucoup de sa fraîcheur première.

Les chaises et les fauteuils recouverts de la même étoffe qui était limée et effilochée sur les bords, laissait apercevoir la toile blanche du dessous et les dossiers, ayant subi la même atteinte, étaient passés et même légèrement noircis par un usage prolongé. Mme D'Avaray, accompagnée de plusieurs autres personnes, en fit la remarque, ne se rendant pas compte, disait-elle, que l'Impératrice laissait ses appartements dans un tel état de délabrement, alors qu'elle n'avait qu'à commander.

Rentrée chez elle, il paraît que la marquise dénigra près de son monde, l'incurie et le peu de goût de Sa Majesté, car les propos qu'elle tint à ce sujet, furent textuellement rapportés à l'Impératrice par un officier de la couronne, portant un grand nom bien connu, qui avait un pied dans chaque camp.

On juge de la colère de Sa Majesté ! Elle voulut savoir qui avait osé enfreindre ses ordres, en conduisant la marquise dans ses appartements. Or, comme le général Rolin ne se rappelait plus avoir accordé cette permission, on fit appeler le sous-régisseur aux Tuileries pour donner des explications et lui laver la tête d'importance.

Heureusement que prévenu de l'orage qui s'amoncelait sur lui, il se munit des deux autorisations signées et écrites entièrement de la main du général... Que lui dire ? ce fonctionnaire avait exécuté l'ordre qui lui avait été donné, ce n'était donc pas lui le coupable et le général Rolin était trop grand personnage pour que l'Impératrice se permit de lui infliger un blâme.

Le sous-régisseur en fut quitte pour la peur.

XL

LE MARÉCHAL VAILLANT

Lorsqu'on créa les grandes charges des officiers de la couronne dans la maison de l'Empereur, le maréchal Vaillant alors général de
division fut nommé grand maréchal du Palais.

C'était lui qui avait le service le plus important, aussi lui donna-t-on un adjoint, l'adjudant général du Palais, qui fut le général Rolin dont nous avons déjà parlé.

Lorsqu'il prit possession de ses fonctions, le
maréchal voulut tout faire et, avec ce caractère
militaire plein de franchise (quelquefois un
peu trop) et de bonhomie, il regardait les employés des bureaux comme ses camarades.

Il ne se rendait pas compte de ce que pou-

vait être la paperasserie et du nombre incal-
culable de lettres adressées soit à l'Empereur,
soit à lui-même.

Je veux tout voir par moi-même, disait-il,
et c'est moi qui dépouillerai la correspondance et répondrai aux solliciteurs.

On le laissa faire, bien persuadé que ce beau
zèle se ralentirait rapidement devant les exi-
gences d'un service écrasant, surtout pour un
personnage appelé à chaque instant à recevoir
et à être auprès de l'Empereur.

Le premier jour qu'il entra dans les bureaux,
naturellement tous les employés se levèrent.
Restez assis, mes enfants, leur dit-il, ne vous
dérangez pas, je viens travailler avec vous et,
pour vous mettre à votre aise, je vais vous
donner l'exemple, et retirant sa redingote, il se
mit en bras de chemise.

On lui avait préparé une table déjà chargée
de lettres. Il s'assit et lut à haute voix la première qui lui tomba sous la main; c'était un
ancien soldat qui demandait à entrer dans la
maison de l'Empereur comme frotteur.

Le maréchal après sa lecture, prit sa plume

et traça de sa propre main les mots de — mon cher camarade.

Dam! un militaire répondant à un frère d'armes, ne pouvait, suivant lui, agir autrement.

Mais à l'instant où il allait continuer, survint un valet de pied qui vint le prévenir que l'Empereur le demandait. Aussitôt le maréchal quitta son travail, rendossa sa redingote et partit en recommandant bien de ne pas toucher à sa correspondance avant son retour.

Il ne revint que le surlendemain et naturellement les lettres reçues avaient atteint une hauteur formidable. Il en fut tellement effrayé qu'il prit le parti de laisser faire ses employés comme par le passé et il ne remit plus les pieds dans les bureaux, au grand contentement de ses collaborateurs qui aimaient mieux avoir un peu plus de besogne que d'être honoré de la présence continuelle d'un si grand personnage.

Du reste, peu de temps après, les deux généraux Vaillant et Rolin, étant aussi autoritaires l'un que l'autre, l'Empereur fut obligé, pour le bien du service, de scinder le maréchalat du palais en deux.

Le maréchal conserva ses attributions comme aide-de-camp de l'Empereur et fut nommé, plus tard, ministre de la maison de l'Empereur.

Le général Rolin prit le département du personnel de la maison de S. M., les services de la bouche, de la cave et du matériel central de la couronne.

Pour en terminer avec le maréchal Vaillant, nous dirons qu'il avait un caractère original, bourru quelquefois, d'une franchise toute sol- datesque, toujours.

Lorqu'il était ministre de la guerre, un pein- tre besoigneux lui avait adressé un tableau qu'il avait fait et qui consacrait un des hauts faits du maréchal.

Ce malheureux comptait sur la reconnais- sance pécuniaire du maréchal, qui, suivant lui ne pouvait faire autrement que de le lui ache- ter pour en décorer un des salons du ministère de la guerre, moyen tout comme un autre pour faire connaitre son nom et ensuite pour pouvoir manger.

Hélas ! plusieurs mois se passèrent sans qu'il reçût une réponse quelle qu'elle fût...

Il se décida à demander une audience au ministre, audience qui lui fut accordée. Mis en présence du maréchal, qui l'accueillit avec sa brusquerie habituelle, il perdit un peu la tête et lui demanda s'il avait reçu un tableau il y avait quelques mois.

— Quel tableau ? que représentait-il ?
— Telle et telle chose, monsieur le maréchal.

— Ah oui ! je me rappelle maintenant, oui, je me rappelle, mon cher ami ! une croûte n'est-ce pas ? une affreuse croûte, quel est le rapin qui a fait cela ?

Vous jugez de l'effarement du malheureux peintre qui bégaya que c'était lui.

—Ah ! mon pauvre ami. Je vous demande bien pardon d'avoir laissé échapper ma pensée. comment c'est vous qui avait fait cela ! Que voulez-vous que je vous dise ! entre nous c'est une croûte, mais je vous dois une

compensation et je n'accepte pas votre cadeau,
je vous l'achète.

Et en effet il le lui acheta plus cher que le
pauvre rapin ne l'eût espéré......

Sa croûte lui donna au moins du pain pour
quelque temps.

Une autre fois le maréchal eut affaire à un
savant qui n'était pas de si bonne composition
que ce peintre et qui le tança vertement.

Le maréchal Vaillant était membre de l'Institut et assistait à une séance de ce corps illus-
tre.

M. Delaunay, astronome, était au tableau et
démontrait un calcul astronomique, lorsqu'il
fut critiqué peut-être un peu trop haut par
son collègue.

M. Delaunay posa la craie sur le rebord du
tableau et se tournant vers le maréchal il l'in-
terpela froidement ainsi : monsieur le maréchal, les membres de l'Institut se recrutent
de deux manières. D'abord les hommes qui, par
les progrès qu'ils ont fait faire aux sciences

par leurs travaux, ont mérité cette distinction, puis les hommes qui, par la haute situation qu'ils occupent dans la société, peuvent aider, par leur influence, la marche en avant des études qui s'élaborent dans le sein de l'Institut, où on leur a fait l'honneur de les admettre.

N'oubliez pas, monsieur le maréchal, que vous faites partie de cette deuxième catégorie.

Le maréchal honteux et confus, ne répliqua rien et fut plus circonspect à l'avenir, afin de ne pas avoir une deuxième algarade pareille.

XLI

VISITE DE TROCHU ET DE TRIPIER
A SAINT-CLOUD

Le 6 septembre 1870, le régisseur du palais
de Saint-Cloud fut prévenu que le général
Trochu, gouverneur de Paris, venait d'arriver à
la redoute de Montretout et le priait de se rendre auprès de lui.

Lorsque j'arrivai, le général, accompagné
par les généraux, Tripier du génie et Ducrot,
inspectait les travaux de défense dirigés par le
colonel Fournier.

Ce colonel du génie faisait valoir tous les
travaux qu'il avait fait exécuter, appuyant sur
les quatorze cent mille francs de maçonnerie
qui était loin d'être terminée.

Trochu l'interrompit en lui faisant remarquer que cette maçonnerie ne servait à rien pour un ouvrage de fortification passagère qui aurait dû déjà être occupé par la troupe.

— Puis d'ailleurs, que mettrez-vous sur vos fortifications en pierre ?

— Mais des canons, mon général.

— Et où les prendrez-vous ces canons ? Je n'en ait point à vous donner. Contentez vous donc, mon cher colonel, de terminer la redoute dans le plus bref délai possible, car les Prussiens seront ici plus tôt qu'on ne croit et laissez-moi de côté toutes ces maçonneries inutiles.

Puis se tournant vers la troupe chargée de la garde des travaux et qui était sous les armes, le général avisa un soldat se présentant bien et l'air crâne.

— De quel pays êtes-vous, mon garçon ?

— Je suis Breton, mon général.

La physionomie du général s'éclaira d'un sourire à cette réponse faite d'une voix forte et résolue.

—J'avais reconnu que vous étiez de la Bretagne et je suis persuadé que vous ferez votre devoir lorsque le moment viendra.

Se tournant alors vers le général Ducrot : voilà les soldats bretons, mon cher général, avec de braves gens comme ceux-là on peut tenir long-temps.

Le général Ducrot prit alors la parole et prononça une allocution vibrante de patriotisme à la petite troupe ; comme péroraison il leur dit : j'ai traversé les lignes allemandes pour venir mourir avec vous !.....

En partant, le général Tripier me pria de vouloir bien le conduire aux travaux de défense de la Brosse près de Ville-d'Avray.

Arrivés là, nous rencontrâmes un lieutenant de vaisseau, directeur ou plutôt surveillant des travaux, qui se promenait mélancoliquement sur la route.

Lui expliquant le motif de sa visite, le général lui demanda où se trouvait la redoute.

Au milieu des bois, derrière la butte de la Brosse, dit en souriant l'officier de marine et nous nous dirigeâmes du côté des travaux dont on aperçoit encore aujourd'hui les vestiges.

Le général, en apercevant cet embryon de redoute, resta stupéfait.

— Qu'est-ce cela, Monsieur, dit-il à l'officier.

— Ma foi, je ne sais pas, mon général, on m'a
envoyé ici pour surveiller les entrepreneurs de
terrassement et vous êtes la première personne
qui soit venue les inspecter.

Le général Tripier examina cet emplacement
indiqué par des fossés profonds creusés dans
un terrain de meulière et complétement au
milieu des bois taillis, ne laissant découvrir aucun horizon.

Il parut faire des réflexions douloureuses,
car, serrant la main au lieutenant de vaisseau.

— Laissez tout cela, mon cher ami et ren-
trez à Paris où votre présence sera plus utile.

Et nous partimes tous les trois!...

XLII

UN GÉNÉRAL PRUSSIEN A LA MANUFAC-
TURE DE SÈVRES

M. Hacquette, père de l'éminent peintre à qui l'on doit de si jolis et touchants tableaux, était comptable de la manufacture de Sèvres et avait procédé, en 1870, au sauvetage des richesses de l'art céramique, de toutes les époques et de tous les pays.

Pendant l'occupation prussienne il était à son poste à l'ancienne manufacture, la nouvelle, aujourd'hui dans le parc de Saint-Cloud, n'étant pas encore tout à fait terminée.

Les troupes allemandes étaient cantonnées dans la ville, et le général qui les commandait, était en rapport journalier avec le chef comptable.

Quelques tapisseries des Gobelins d'une grande valeur, avaient été retrouvées par M. Hacquette dans les magasins, mais il n'était plus temps de les envoyer à Paris, toute communication étant coupée avec la Capitale.

Il fallait cependant les soustraire à la rapacité prussienne, et M. Hacquette ne jugea rien de mieux que de les mettre dans son bureau et bien en évidence.

La première fois que le général vint le voir pour le service des troupes, il s'arrêta brusquement dans le bureau et examinant ces tapisseries, avant même de saluer, il les montra à M. Hacquette.

— Gobelins ? dit-il ?

— Oui, Gobelins.

— A l'État.

— Non, pas à l'État, mais à moi.

— A vous ? à vous, personnellement.

— Oui, à moi personnellement.

— Oh!... c'était bien beau.

Et prenant une chaise, il s'assit en tournant le dos aux tapisseries.

Mais pendant tout le temps de la conversation, il ne pouvait s'empêcher de se retourner pour admirer ces chefs-d'œuvre de l'art français, et chaque fois, interrogeant M. Hacquette, le mot à vous? à vous? revenait toujours.

Enfin, il se retira en jetant un dernier coup d'œil sur les objets de son admiration.

M. Hacquette respira, car il croyait bien que le général voulait les prendre pour lui.

Le lendemain matin, le même général revint dans le bureau du comptable, mais cette fois, sans frapper à la porte, en l'ouvrant avec violence, il se précipita comme une bombe vers M. Hacquette et lui dit à brûle-pourpoint, la figure congestionnée et roulant de gros yeux effarés.

Monsieur ! à vous ces gobelins ? bien à vous?

— Mais oui, général, et ils m'ont coûté assez cher.

— Eh bien ! Monsieur, enlevez tout de suite les tapisseries... elles me piquent, elles me piquent.

Et, tournant les talons, il sortit comme il était entré, en coup de vent.

M. Hacquette comprit le sentiment qui faisait agir le général, et s'empressa d'obtempérer à ses ordres, en faisant disparaitre les tapisseries qu'il mit en lieu sûr.

Cet honnête général, sans s'en douter, venait de remporter une plus grande victoire que celles que donnent les armes, une victoire sur la tentation qu'il avait de s'approprier ces Gobelins.

C'est peut être le seul qui n'ait pas succombé à cette folie du pillage qui hantait même les princes du sang, et son nom mériterait d'être transmis à la postérité. Mais il est oublié !!!

XLIII

L'INCENDIE DU PALAIS DE SAINT-CLOUD LE 13 OCTOBRE 1870

Extrait du supplément du *Figaro* du 20 octobre 1883.

« Nous avons publié il y a trois mois, à
« l'occasion du triste anniversaire de la décla-
« ration de guerre, un récit du départ de l'Em-
« pereur de Saint-Cloud écrit par un témoin
« oculaire. Ce récit a vivement intéressé nos
« lecteurs ; la même personne nous adresse
« aujourd'hui un travail de plus haut intérêt
« sur l'incendie du palais de Saint-Cloud.

« C'est cette semaine qu'est revenu pour la
« 13e fois depuis 70, la date du 13 octobre,
« jour où fut détruit ce merveilleux édifice ;
« le récit suivant démontre que la responsa-

« bilité de cet acte incombe aux Prussiens et
« non aux Français, comme l'Allemagne a
« voulu le faire croire ; c'est un point d'histoire
« contemporaine qui méritait d'être fixé. »

En écrivant ce qui va suivre, je sais que
j'assume sur moi une grande responsabilité.

A cette grave question : qui a incendié le
palais de Saint-Cloud?

Les Français ou les Allemands.

Seul peut-être entre tous, je réponds sans
aucune hésitation.

Ce sont les Prussiens.

En racontant ici ce triste épisode de la guerre
franco-allemande, après treize ans de silence,
après treize années de recherches laborieuses
pour élucider ce point si controversée, je puis
affirmer en mon âme et conscience que nous
devons, nous Français, être disculpés entièrement de cet acte de vandalisme et que tout
l'odieux doit en retomber sur nos ennemis.

Si encore aujourd'hui les ruines du Palati-
nat s'élèvent comme un monument accusateur
de la façon dont nous faisions la guerre sous

Louis XIV, les Prussiens n'ont plus rien à nous envier. Nous leur répondrons : Saint-Cloud.

Ceci dit. je commence.

Le 4 septembre 1870, à cinq heures du soir, je quittais le palais des Tuileries où j'étais détaché en qualité de secrétaire particulier du général comte Lepic, adjudant général du palais par intérim.

Ayant accompli mon devoir jusqu'à la dernière minute à l'égard de ceux que je servais personnellement et n'oubliant pas que je me devais à mon pays, je vins reprendre mes fonctions de sous-régisseur du palais de Saint-Cloud.

Je passerai rapidement sur les quelques jours qui précédèrent l'arrivée des Prussiens, tout ce temps ayant été employé par moi, (le régisseur ayant abandonné son poste), à opérer, avec mon personnel, le sauvetage de toutes les richesses que renfermait le château et à les expédier, comme je pouvais, au garde-meuble à Paris.

C'est ainsi que nos palais, y compris l'Elysée, héritèrent des dépouilles du palais de Saint-

Cloud et que la galerie d'Apollon au Louvre a été garnie de meubles rares et d'objets précieux, cristal de roche, sardoines gravées, enrichis de pierreries et dont j'ai conservé la nomenclature.

Le 18, j'étais à Meudon où je terminais la même opération qu'à Saint-Cloud, lorsque la présence des éclaireurs prussiens fut signalée dans les bois, et, à peine ma dernière voiture eut-elle franchi la Seine, que le pont de Sèvres sauta.

Je compris que le moment était arrivé de payer de sa personne et, ne pouvant combattre côte à côte avec mes frères de l'armée, je songeais, abandonné à moi-même, à défendre pacifiquement, pied à pied, ce qui avait été confié à ma garde.

Le 19, je me rendis au château de Villeneuve-l'Étang avec mon personnel, pour incendier quarante à cinquante mille bottes de foin, que je ne voulais pas laisser tomber entre les mains des Prussiens.

C'est tout ce que nous pouvions faire contre l'ennemi.

Le bruit sinistre de la canonnade et le crépitement de la fusillade à Châtillon, se faisait entendre au loin ; de temps en temps, un sifflement particulier nous annonçait le passage d'un éclat d'obus à quelques kilomètres de nous ; tous anciens militaires, nous marchions à notre devoir, insouciants de ce que l'avenir pouvait nous réserver.

Un moment, il y eut un temps d'arrêt dans notre marche ; les éclaireurs Prussiens arrivant sur la route de Vaucresson à Saint-Cloud, qui longe les murs du parc, détalaient à toute bride, poursuivis par les feux de deux rangs (vieux style) des derniers mobiles occupant le fort de Montretout et se retirant sur Paris.

Nous nous rendîmes en silence à notre besogne et, bientôt, une flamme claire et vive jaillit des meules formées par les bottes de foin sorties des greniers à fourrage.

A cinq heures, à l'instant où j'allais jeter dans le brasier les bottes de foin que je portais (car je travaillais comme mes employés), j'entendis la grille de Villeneuve crier sur ses gonds et j'aperçus des casques poindre à 300 mètres de nous derrière les arbres.

Voici les Prussiens ! m'écriai-je.

Ce n'était pas le moment de faire de la bravoure et d'attendre l'ennemi de pied ferme. Chacun prit sa course vers le château et ce fut miracle de nous voir courir, poursuivis par la cavalerie prussienne qui nous criait d'un accent guttural :

Halte ! halte !

Ah oui ! halte, halte ! ces deux mots nous donnaient des ailes au contraire, car ceux qui auraient été pris auraient été fusillés sur l'heure.

Moi dernier, je n'eus que le temps de me jeter dans les tirés du chemin qui conduit de Villeneuve à la grande allée.

Là, accroupi, retenant ma respiration haletante, j'entendis le pas des chevaux passant à quelques mètres de moi... je ne pouvais pourtant pas rester là jusqu'à la nuit.

Accompagné de deux employés qui étaient venus me rejoindre, je me rendis à la lisière des tirés de la grande allée et j'aperçus, en me dissimulant le plus possible, les Prussiens occupant l'allée de Marnes, à hauteur de la Faisanderie.

En quelques bonds nous traversâmes ce passage dangereux au nez et à la barbe de ces messieurs, et nous gagnâmes facilement la grille de Ville d'Avray.

Dès lors nous étions sauvés et j'arrivais au palais où je trouvais tout mon personnel consterné, car on me croyait prisonnier. Au milieu de tout ce monde qui m'attendait, je n'aperçus dans le premier moment que ma femme, qui, pâle, les traits contractés et tenant ma fille dans ses bras, m'embrassa sans pouvoir articuler une parole.

Le soir à sept heures, nous étions à table, lorsqu'une détonation formidable ébranla les portes et les fenêtres de ma salle à manger...

Le pont de Saint-Cloud venait de sauter !...

Nous baissâmes tristement la tête ; quelques larmes coulèrent de nos yeux et notre repas fut terminé.

Désormais nous étions seuls au milieu de l'ennemi.

La patrie maintenant était de l'autre côté de la Seine.

La lutte commençait !...

Nous nous attendions à chaque instant à voir les Prussiens arriver.

La journée du 20 ne nous les amena pourtant pas et, cependant, ils occupaient le parc, mais n'avaient point franchi la grille de la carrière fermée à double tour par mon ordre, comme toutes les autres grilles.

Le soir j'eus encore la satisfaction de pouvoir serrer les mains à trois braves Parisiens qui avaient traversé la Seine en bateau.

Ils venaient voir s'il n'y aurait pas moyen d'installer trois ou quatre blessés à l'ambulance, créée par ordre de l'Impératrice avant le 4 septembre, dans la galerie d'Apollon.

Ils espéraient sauver ainsi le Palais, en le mettant sous la protection de la croix rouge !

Parmi ces trois messieurs, se trouvaient une personne dont le nom est aussi sympathique que ses œuvres humoristiques sont connus, j'ai nommé Quatrelles.

Ce rayon de soleil, pénétrant les ténèbres de

notre pseudo-captivité, nous fit oublier, un instant, l'orage qui s'amoncelait sur nos têtes, et nous ne pensâmes plus à la gravité de la situation, au milieu de ces Français de cœur, qui nous apportaient les derniers reflets de notre chère France, si près et si loin de nous !!...

Je leur démontrai l'impossibilité de mettre leurs projets à exécution, je leur offris l'hospitalité pour la nuit et, le lendemain matin à sept heures, je les menai à leur embarcation qui les reconduisit de l'autre côté... chez les Français.

Une heure après, l'avant-garde du régiment prussien n° 58 faisait son entrée au palais...

Tout était fini, il fallait subir l'ennemi.

Arrivés le 21, les Prussiens prirent possession du vestibule du fer à cheval (aile droite au sud du palais, en face la lanterne de Diogène) pour les officiers.

Quant à la troupe, elle bivouaqua dans le jardin, près du bassin situé devant le vestibule et près de l'entrée des caves.

Dès le lendemain, le défilé des Prussiens de marque, venant visiter les appartements, commença.

J'ai assisté à des scènes du plus haut comique et qui auraient bien fait rire si les circonstances n'avaient pas été si graves.

Entre plusieurs, je n'en citerai que quelques-unes, qui montrent l'enfantillage de ces hommes qui avaient la prétention d'être si sérieux et si maîtres d'eux-mêmes.

La première chose qu'ils faisaient avec un ensemble admirable, en visitant les appartements de LL. MM., c'était de s'asseoir à tour de rôle chacun sur le fauteuil de bureau, dans le cabinet de travail de l'Empereur ou sur *tous* les confortables de sa chambre à coucher.

Quelques-uns poussant l'amour du souvenir jusqu'au grotesque, prirent délicatement quelques feuilles d'un papier... très ordinaire dans les... water-closets, les plièrent et les enfermèrent dans leurs portefeuilles...

Un général était avec son état major dans le

salon de famille où se trouvaient le buste du duc de Reichstadt.

Tout à coup, se tournant de mon côté, il me parla très vivement en allemand (langue que je ne comprends pas malheureusement, je l'avoue) et, retirant brusquement sa casquette, il se planta droit devant moi, le petit doigt sur la couture du pantalon.

Voyant que je ne comprenais rien à sa mimique, un de ses officiers d'état-major me dit alors, en très bon français : Le général vous fait remarquer qu'on lui a toujours dit qu'il ressemblait étonnamment à Napoléon II et vous prie de comparer avec le buste.

J'étais tellement stupéfait que je ne pus répondre un seul mot... j'avais trop envie de rire.

Vous imaginez-vous Hyacinthe d'aujourd'hui comparé à Capoul d'autrefois ?...

Après l'incendie, le buste disparut, mais celui du prince Eugène, qui se trouvait à côté, a été sauvé du feu et restitué par le roi de Prusse.

Un calme relatif régnait au palais.

Les opérations du siège n'étaient pas encore commencées, on étudiait la place. On prenait toutes les dispositions en vue d'une action future très rapprochée.

Nous ne gênions pas, au contraire.

Nous donnions une certaine sécurité aux habitants de Saint-Cloud, chez qui les Prussiens n'avaient pas encore pénétré, se contentant d'empêcher l'accès du palais à qui que ce fût du dehors.

Mais les derniers jours de septembre nous enlevèrent toutes nos illusions.

Je commençais à comprendre leur tactique, en voyant peu à peu se dessiner leur sévérité à notre égard.

Tout leur portait ombrage.

Un mouchoir blanc déplié... pour s'en servir, une lumière passant d'une pièce à une autre, dans le commun occupé par mon personnel...

Je voulus, dès lors, prendre les devants et tâcher de me maintenir au palais, même au prix de ma liberté, ne prévoyant que trop le sort qui lui était réservé.

Avant le 19 septembre j'avais mis tout mon matériel à incendie (quatre pompes) en batterie : je pouvais donc, à un moment donné, apporter mon concours efficace.

Le 1er octobre au matin, j'écrivis au Prince Royal de Prusse et je priai le général Sandrart de transmettre ma lettre immédiatement : ce qu'il me promit de faire.

A trois heures de l'après, midi, le commandant des avant-postes (Régiment n° 47, colonel Flottow qui a commencé le pillage du palais) me rendit ma lettre qu'on s'était bien gardé d'envoyer à son adresse et me prévint qu'il était trois heures, qu'à quatre heures un détachement nous attendrait *tous sans exception aucune*, pour nous conduire à Versailles.

Tel était l'ordre.

Il voyait probablement, alors qu'il s'apitoyait hypocritement sur notre sort, le palais livré à sa cupidité et à celle de ses soldats.

Il n'y avait pas à protester, il fallait courber la tête et obéir.

Qu'on me permette ici de copier dans mon rapport au ministre des Travaux publics (21 février 1871) le passage relatif à notre expulsion du palais.

Sans perdre de temps, je prévins tous les employés de la mesure de rigueur qui était prise à notre égard (ils étaient environ 70, presque tous mariés et pères de famille).

Chacun fit un ballot de ses effets les plus précieux et le tout fut chargé sur l'unique charrette appartenant au service des jardins.

La veille, une malheureuse femme d'employé (Mme Detwiller) était accouchée d'un garçon ; mes supplications pour la laisser au moins vingt quatre heures de plus, furent vaines : il fallut partir.

Malgré moi des larmes de rage me jaillirent des yeux, en voyant ce spectacle navrant de vieillards, de femmes et d'enfants, chacun chargé d'un énorme paquet et abandonnant le peu qu'il pouvait avoir.

Je pris la tête de la colonne avec ma femme et ma fille, cherchant à remonter le moral de chacun et cherchant aussi à contenir mon émotion douloureuse, en traversant le palais pour la dernière fois !...

Nous traversâmes en longue colonne les souterrains du palais, pour sortir par la grille du Fer à cheval où nous trouvâmes deux compagnies rangées en bataille qui nous servirent d'escorte, peloton en tête et en queue, flanqueurs à droite et à gauche.

Nous fûmes exposés sur tout notre parcours à la curiosité avide des troupes campées dans le parc, et aux quolibets d'une soldatesque peu généreuse, en face d'une population sans armes et prisonnière.

Il était neuf heures lorsque nous arrivâmes à Versailles.

On nous parqua dans le manège du quartier de cavalerie de la rue Royale, entourés de Prussiens ivres et curieux qui repoussaient à coups de crosse de malheureux soldats Français blessés, qui se levèrent clopin-clopant de la paille pourrie sur laquelle ils étaient couchés.

A minuit, un colonel vint me prévenir que c'était par erreur qu'on nous avait mis en prison et que nous étions libres.

Le mot « par erreur » était joli !...

Immédiatement après notre départ de Saint-

Cloud, le pillage commençait dans nos logements.

Le lendemain et les jours suivants, des véhicules de toutes sortes entreposaient, à l'hôtel du Sabot d'Or, le produit de la rapacité prussienne, et j'eus, un jour, l'étonnement suprême, de voir des objets mobiliers provenant de mon appartement, sur une voiture escortée par un officier du 47e.

Le 7 octobre, le premier obus (mont-Valérien) éclatait dans le cabinet de travail de l'adjudant général du palais, au rez-de-chaussée de l'aile droite du chateau.

Le 13 à trois heures de l'après-midi, j'étais informé à Versailles que le palais de Saint-Cloud était en feu !

Mon cœur se serra à cette nouvelle.

Je courus chez le général Sandrart le supplier de me laisser aller à Saint-Cloud, à quelque prix que ce fût, organiser les secours.

Il me fut répondu que ma présence était inutile, le palais étant envahi par les flammes.

(Le feu avait commencé à deux heures et il n'en était que quatre), que d'ailleurs les troupes prussiennes suffisaient pour sauver ce qu'il était possible et qu'on me dirait, *plus tard*, quand je pourrais me rendre à Saint-Cloud.

Il n'y avait rien à répondre et je me heurtai, dans mes autres tentatives à un mot d'ordre certainement donné.

Le palais était condamné, il fallait que son sort s'accomplît.

L'œuvre fut consommée !...

Vous représentez-vous un habitant d'Ischia, absent pendant le tremblement de terre, rentrant dans son île quelques jours après et apercevant sa propriété ruinée de fond en comble ?

L'impression qu'il ressentit n'est rien auprès de ce que j'éprouvai, lorsque le 28 janvier 1871, accompagné d'un aide de camp du général Sandrart, je pus me rendre à Saint-Cloud et contempler l'immensité du désastre.

Le palais n'était plus qu'un monceau de décombres, de fers tordus par le feu, de colonnes de marbre brisées, de statues réduites à l'état de bloc de chaux vive.

Les dépendances du château, restées intactes, offraient un aspect navrant de désordre et de saleté.

Meubles cassés ou souillés d'immondices innommées.

Tentures arrachées et pendantes.

Glaces étoilées ou brisées à coup de baïonnette ou de crosse de fusil.

Ici, des tas de vêtements de toutes les classes de la société, mêlés à des boues noirâtres et graisseuses.

Là, un piano ouvert et tout maculé de sang, une vitre de la fenêtre indiquant le passage de la balle qui était venue frapper celui qui cherchait à se rappeler peut-être les airs aimés de son pays.

Enfin, pour compléter le tableau, à travers l'ombre de la nuit qui s'étendait, on voyait les incendies s'allumer peu à peu et éclairant de leurs sinistres lueurs, des soldats ivres, semblables à des démons vomis par l'enfer...

Et on viendra me dire que ce sont les Français qui ont incendié et le palais et la ville ?

Ah ! si avant d'avoir vu ce spectacle j'avais

un doute, depuis ce moment ce doute a fait place à une certitude absolue sur notre parfaite innocence.

Seulement il faut la prouver et c'est ce à quoi je me suis appliqué sans relâche.

Tant que le Palais ne fut pas déblayé je ne pouvais formuler publiquement mon opinion sur la part qui incombait soit aux Français, soit aux Prussiens dans la cause du sinistre.

Il me fallait étudier, lors du déblaiement, les moindres particularités qui pouvaient jeter quelque lumière sur la façon dont le feu avait pris.

Les décombres, que je recueillais au fur et à mesure de ce travail, étaient mis soigneusement de côté pour être examinés à loisir.

Ici je retrouvais les débris calcinés, fondus, d'une de mes pompes à incendie.

Là, deux bidons ayant contenu de l'essence de térébenthine (sous la chambre à coucher de l'Empereur où a commencé l'incendie), plus loin, des meubles provenant de cette chambre à coucher où l'on n'avait pu pénétrer, disait-on, en raison de l'intensité du feu ; des boyaux de pompes lacérés et jetés dans les bassins.

Enfin, je relevais avec soin toutes les traces d'obus tant à l'intérieur qu'à l'extérieur des bâtiments.

Je reconstituais ainsi peu à peu toutes les phases de l'incendie et j'acquérais la conviction que le feu n'avait pas été mis par des obus français, mais bien par des mains criminelles étrangères.

On dirait vraiment qu'ils ont voulu punir ce malheureux palais d'avoir été la demeure aimée de celui qui les avait rossés à plate couture et à qui ils devaient la vie dans un moment de folle générosité.

Après ça peut-être ont-ils voulu purifier par le feu la flétrissure que lui avait infligée Blücher en 1815 !

J'affirme que les Prussiens, loin d'avoir cherché à éteindre l'incendie, ont profité de cette occasion pour procéder au pillage régulier du palais, pillage qu'ils ont alors décoré du nom de sauvetage !

Sans cela, pourquoi auraient-ils empêché les

habitants de Saint-Cloud de s'approcher des grilles dès que l'incendie éclatait?

Pourquoi les ont-ils menacés de faire feu sur eux s'ils ne se retiraient?

Qu'ils répondent [1].

[1] Depuis que cet article a paru, j'ai complété les preuves accablantes contre les Prussiens.

J'en ai fait un travail assez considérable qui paraîtra dans le deuxième volume qui sera publié après celui-ci.

XLIV

28 ET 30 JANVIER 1871 A SAINT-CLOUD

Le 28 janvier au matin, ayant appris
que l'armistice avait été proclamé, je me
rendis dès 9 heures, chez le général Sandrart
à la villa Morisset à Versailles, pour obtenir un laisser-passer et me rendre à Saint-
Cloud.

Mon but était de vérifier dans quel état se
trouvait le palais et ses dépendances, afin de
prendre toutes les mesures nécessaires pour
rentrer à mon poste le plus tôt possible avec
mon personnel.

Le général me dit qu'il lui était interdit de
délivrer de permis à qui que ce soit, mais que,
si je le désirais, son aide-de-camp, le capitaine

baron de Reichsthoffen, me conduirait au palais de Saint-Cloud.

J'acceptai et à 3 heures j'arrivai sur la place de l'église de Ville-d'Avray, lieu de rendez-vous.

Pendant que j'attendais l'aide-de-camp, je voyais et je pouvais me rendre compte des allées et venues des Prussiens.

La ville était presque déserte, mais bientôt des chants d'ivrognes m'annoncèrent l'arrivée d'une bande de pillards.

En effet, quatre ou cinq soldats prussiens trébuchant à qui mieux mieux, et chargés de paniers de vins et d'objets divers, s'arrêtèrent sur la place; l'un portait deux lampes sous son bras, l'autre s'était coiffé d'un abat-jour vert, et les trois derniers de victuailles de toutes sortes. L'homme au bonnet vert, cassa d'un coup de sabre le goulot d'une bouteille de vin et se mit à boire à la régalade, ses camarades psalmodiant un chant Allemand.

Tout à coup des piqueurs à cheval parurent, précédant une calèche attelée à la Daumont; c'étaient le roi de Prusse, plutôt l'Empereur d'Allemagne et son frère, qui revenaient de visiter Saint-Cloud.

Les soldats firent front et, titubant d'une manière inquiétante pour leur centre de gravité, portèrent la main à leurs coiffures improvisées. L'Empereur passa, les regarda et leur rendit leur salut d'un air bienveillant et paternel ; ses pauvres enfants s'amusaient donc un peu !...

Enfin l'aide-de-camp du Général Sandrart arriva, mit pied à terre et nous nous dirigeâmes vers le palais.

J'allais, toujours accompagné de cet officier, à mon logement, intact comme bâtiment, mais pillé et souillé d'ordures jusque dans les tiroirs de commode.

Je vis que le commun, où habitaient jadis tout le personnel, était incendié, mais les bâtiments occupés, avant notre internement à Versailles, par le sous-chef jardinier et les ouvriers du service du parc, étaient encore debout, mais ils ne le furent pas longtemps, car quatre jours après, je les retrouvai en ruines encore fumantes.

Mon bureau, dans le pavillon de Valois

(aujourd'hui l'école normale), était occupé par la troupe et jonché de papiers, d'os, de plumes et... d'autre chose : il me fut impossible d'entrer.

En sortant, j'aperçus un spectacle écœurant mais risible jusqu'à un certain point.

Les lieux d'aisance étant impraticables en raison de leur saleté, les Prussiens avaient enlevé la grille du caniveau entre les écuries hautes et le Pavillon de Valois et placé une table à manger (en acajou s'il vous plaît) dans laquelle ils avaient pratiqué, à la scie, une ouverture convenable où... chaque Prussien venait à tour de rôle asseoir... le sien, sur ce trône improvisé.

La présence des officiers généraux et autres, passant dans la cour, ne les intimidait point ; ils restaient assis et se contentaient de porter respectueusement la main à leur coiffure.

Puissance de la discipline allemande !!!

L'heure s'avançant et la nuit commençant à tomber. M. de Reichsthofen, ayant à visiter encore la batterie de Breteuil, m'emmena avec lui.

Le sol était couvert de débris d'obus et d'obus entiers, il ressemblait aux alvéoles d'abeilles, tellement les trous d'obus étaient rapprochés.

La batterie était déjà évacuée.

Je rentrais de nuit à Versailles pensant pouvoir m'installer à Saint-Cloud le surlendemain ; je comptais sans le colonel Flottow qui commandait le régiment n° 17, le régiment qui a le plus pillé et incendié Saint-Cloud.

J'oubliais de dire que pendant que j'étais au Pavillon de Valois, j'entendis des sifflements prolongés, comme si plusieurs fusées partaient successivement les unes après les autres et j'aperçus un spectacle qui me révolta.

Le café Ménago et l'hôtel de la Tête-Noire sur la place d'armes de Saint-Cloud, étaient en flammes et, du haut en bas, représentaient une vaste fournaise ; se détachant sur ce fond rouge, des groupes de soldats dansaient devant l'incendie.

Les officiers réunis dans la cour d'honneur regardaient tranquillement l'incendie se développer.

L'armistice avait commencée le 28 à minuit... et il était 4 heures du soir !

Le 30 au matin j'obtenais du Général Sandrart l'autorisation de rentrer au Palais de
Saint-Cloud avec tout mon personnel et d'y
demeurer.

Je fis prévenir mes employés et nous nous
mîmes en route, mais arrivés à la grille de
de Ville-d'Avray, le sergent de garde effrayé
du nombreux cortège qui me suivait, (nous
étions environ 70 à 80 personnes), s'empressa
de fermer la grille et je dus parlementer avec
lui ; il refusa de nous laisser passer sans un
ordre de son colonel.

Je trouvais cet officier supérieur dans une
des petites pièces du château de Ville-d'Avray,
assis près d'une table chargée de bouteilles,
l'une d'elle contenait une chandelle allumée et,
naturellement, comme ses sœurs, vide de tout
liquide.

Il me reçut de la manière la plus grossière
et ses insolences me pénétraient de rage, mais
que faire ? j'avais un devoir à remplir, je devais tout supporter.

Enfin, il consentit à me laisser pénétrer dans le domaine avec dix hommes seulement.

Arrivé au palais, je fus reçu par une soldatesque avinée qui nous maltraita, et pas un seul officier à qui parler ! tous étaient à parcourir la ville de Saint-Cloud, pour admirer probablement leurs chefs-d'œuvre ou attablés dans la cour d'honneur, à boire les bouteilles de vin échappées à l'incendie.

Nous descendîmes aux cuisines occupées par environ 200 hommes et de là nous parvînmes à la grille d'honneur où nous fumes arrêtés par deux sentinelles qui ne voulurent jamais nous laisser avancer ou rétrograder.

Pendant que nous parlementions avec un officier à cheval qui revenait de la place d'armes (mais dans quel état grand Dieu !) je vis le poste sortir précipitamment et j'aperçus une voiture à deux chevaux arrivant au trot.

C'était le prince royal...

Prenant ma résolution et sans perdre de temps, je me précipitai à la tête des chevaux et levant mon chapeau, je criais : Monseigneur !

Le prince fit arrêter sa voiture et me demanda ce que je désirais.

— Monseigneur ! lui dis-je, je suis le Régisseur du palais de Saint-Cloud et je viens avec mon personnel reprendre possession de mon poste.

Je prie V. A. de vouloir bien me faire donner toutes facilités à cet égard...

Le prince me regarda et me dit : il me semble que je vous ai déjà vu Monsieur.

— Oui, Monseigneur, c'est moi qui en 1867 vous ai accompagné chez le Prince Impérial.

— Ah ! je me rappelle maintenant ! Eh bien Monsieur, dans quel état vous le retrouvez ce pauvre palais ! que sont devenues les belles tapisseries qui étaient dans les grands appartements ?

— Elles sont sauvées, Monseigneur, je les ai envoyées à Paris.

— Vous avez bien fait Monsieur ; moi aussi j'aurais voulu pouvoir sauver le grand tableau qui se trouvait au-dessus de l'escalier d'honneur, mais le feu était trop violent, cela a été impossible.

Puis, jetant un coup d'œil sur les nombreux soldats qui se trouvaient là, il continua :

Ne restez pas ici aujourd'hui, écrivez-moi et apportez-moi vous-même votre lettre aux Ombrages, je donnerai des ordres pour que vous puissiez reprendre vos fonctions.

Le Prince me salua et partit.

Je réunis mes dix hommes et nous pûmes revenir sur nos pas sans être inquiétés par qui que ce fut, au contraire, les officiers présents à mon conciliabule avec le prince, nous accompagnèrent pour nous protéger.

Le lendemain, je remis ma pétition à S. A. et le 1er février 1871, muni cette fois de toutes les autorisations nécessaires, je repris enfin possession du palais et de ses dépendances.

Il y avait juste quatre mois que nous l'avions quitté...

TABLE

Préface 1

L'Année 1870 5

Départ de l'Empereur pour la guerre de 1870 . 12

3 et 4 septembre aux Tuileries 24

Affection de l'Empereur pour l'Impératrice . 55

Les audiences de l'Empereur 58

La correspondance de l'Empereur avec Fleury . 62

Les carnets de voyage de l'Empereur 66

Les colères et les bontés de l'Empereur . . . 69

Courage et sang-froid de l'Impératrice . . . 77

L'Impératrice et ses meubles 83

M. Monnier, Précepteur du Prince Impérial . 88

L'accident du Prince Impérial 93

La maladie du Prince Impérial en 1867 . . . 98

Le Général Frossard, Gouverneur du Prince
Impérial 104

Témérités du Prince Impérial 115

Les billes du Prince Impérial 120

Le Prince Impérial et Mlle Tautain de la
Comédie-Française 123

L'Impératrice du Mexique 127

Pétition d'un maire 136

Chanu 139

La messe au camp de Boulogne-sur-Mer . . . 143

Le coup du cadeau Impérial 116
Histoire d'un conspirateur 151
Les restes des domestiques 157
Le coulage aux cuisines 163
Le laisser-passer. 172
Le caporal de zouaves 175
Histoire de M. B. et de M. Z 187
Léon, valet de chambre de l'Empereur . . . 196
Les voitures des Ministres 202
Le Général Rolin et le capitaine J. 203
Le roi de Hanovre à St-Cloud 215
Le Maréchal Castellane 220
Les tableaux de Duval à la postérité. . . . 221
Prosper Mérimée et l'officier qui ronfle . . 227
Ephémérides de 1869 au Palais de St-Cloud. . 231
Visites Royales à St-Cloud 234
La femme de chambre Impératrice 239
La marquise d'Araray à St-Cloud. . : . . 246
Le Maréchal Vaillant 249
Visite de Trochu et de Tripier à St-Cloud . . 253
Un général prussien à la manufacture de
    Sèvres 260
Incendie du Palais de St-Cloud le 13 octobre
    1870 264
28 et 30 janvier 1871 à St-Cloud 285

Saint-Amand (Cher) Imp. DESTENAY Bussères Frères